DES MOYENS PRATIQUES

POUR PARVENIR A LA SUPPRESSION

DE LA

PAIX ARMÉE

ET

DE LA GUERRE

PAR

RAOUL DE LA GRASSERIE

Docteur en droit, juge au Tribunal de Rennes,
Membre de la Société des Gens de Lettres,
des Sociétés de Législation comparée, de Statistique et de Linguistique de Paris,
de l'Académie de Législation de Toulouse,
de la Société orientale d'Allemagne.

PARIS

ANCIENNE LIBRAIRIE GERMER BAILLIÈRE ET C⁶

FÉLIX ALCAN, ÉDITEUR

108, Boulevard Saint-Germain

1894

DES MOYENS PRATIQUES

POUR PARVENIR A LA SUPPRESSION

DE LA

PAIX ARMÉE

ET

DE LA GUERRE

PAR

RAOUL DE LA GRASSERIE

Docteur en droit, juge au Tribunal de Rennes,
Membre de la Société des Gens de Lettres,
des Sociétés de Législation comparée, de Statistique et de Linguistique de Paris,
de l'Académie de Législation de Toulouse,
de la Société orientale d'Allemagne.

PARIS
ANCIENNE LIBRAIRIE GERMER BAILLIÈRE ET Cie
FÉLIX ALCAN, ÉDITEUR
108, Boulevard Saint-Germain

1894

AUTRES OUVRAGES SCIENTIFIQUES DE M. DE LA GRASSERIE

EN VENTE CHEZ M. FÉLIX ALCAN

OUVRAGE DE PHILOSOPHIE

EN VENTE CHEZ MM. PEDONE-LAURIEL, CHEVALIER-MARESCQ ET CHALLAMEL

OUVRAGES DE PHILOSOPHIE DU DROIT ET DE LÉGISLATION COMPARÉE

TRADUCTIONS DE CODES ÉTRANGERS, AVEC INTRODUCTIONS

DES MOYENS PRATIQUES

POUR PARVENIR A LA SUPPRESSION

DE LA PAIX ARMÉE

ET DE LA GUERRE

C'est aujourd'hui, grâce aux progrès de l'esprit public, à la fois une vérité presque incontestée et un lieu commun qu'on exprime lorsqu'on souhaite la suppression de la guerre et qu'on la déclare possible en thèse. Quelques esprits chagrins ou tout à fait routiniers voudraient seuls son maintien. D'autres, plus nombreux, pensent que sa suppression désirable est impossible, même en principe, donnant un seul argument, mais décisif suivant eux, à savoir qu'aucune des nations ne peut consentir à désarmer la première, ajoutant aussi que les passions humaines ramèneront toujours des conflits. Nul, ne se plaçant sur le terrain tout à fait pratique, n'a recherché si des moyens sûrs, faciles, et pour ainsi dire automatiques, ne pourraient pas conduire à la suppression de la paix armée d'abord, à l'abolition de la guerre ensuite, et cela, immédiatement, sans attendre que l'évolution des siècles ait rendu l'œuvre plus mûre ; c'est cette recherche que nous voulons faire aujourd'hui.

Par la guerre nous entendons, dans la présente étude, seulement celle internationale ou étrangère. Nous nous

occuperons des autres rapidement et comme en appendice.
Voici d'abord son classement exact. Les actes de vio
lence ou de force exercés par l'homme sont tous mauvais
en eux-mêmes, aussi bien et plus encore que ceux de ruse
et de tromperie: ils peuvent cependant quelquefois ou se
légitimer exceptionnellement, ou s'excuser. Ces actes de
force appartiennent à trois catégories : 1° ceux qui sont
une violation du droit ; 2° ceux qui en sont la sanction ;
3° ceux qui en sont ou ont la prétention d'en être la
preuve. On confond souvent ces trois catégories, ce qui
fait tomber dans des erreurs graves.

La première catégorie, celle des actes qui sont une
violation du droit, soit de la loi écrite, soit de la loi de
nature, soit du droit d'autrui, soit du sien propre, est
presque toujours condamnable, quoiqu'il y ait des exceptions; elle est aussi presque toujours régulièrement
réprimée par le législateur. Dans cette catégorie il faut
ranger tous les crimes et délits violents contre les personnes, les actes de cruauté envers les animaux, les abus
d'un droit de correction, ceux du droit de légitime défense.
La provocation atténue leur culpabilité.

La seconde catégorie, celle des actes qui sont la sanction
d'un droit, comprend les violences exercées par la société,
et celles qui le sont par les citoyens pour la défense, le
rétablissement ou la vengeance d'un droit violé. Les
seconds de ces actes, ceux exercés par les citoyens comprennent ; 1° la *légitime défense*, pour sauvegarder le droit
attaqué, que ce droit soit sur la personne ou sur la chose ;
2° le droit de *reprendre* par la force ce qui nous a été pris
(justice qu'on se fait à soi-même) prévu par plusieurs
Codes : 3° la *vindicte* ou *vendetta*, c'est-à-dire le fait de com-
penser par un acte de violence donné celui irrévocable-
ment reçu.

Les premiers de ces faits, ceux exercés par la société
elle-même, sont le calque de ceux qui le sont par les citoyens à défaut d'une organisation sociale suffisante; ils
comprennent : 1° le droit de *prévenir* par la force immé-

diate ou par des punitions s'exerçant par la force les crimes et délits possibles, droit correspondant à celui de légitime défense : 2° celui de faire *restituer* aux citoyens les droits qui leur ont été enlevés, par l'emploi de la *manus militaris*, correspondant à la justice qu'on se fait à soi-même ; 3° le droit de *punir*, correspondant à la *vendetta* ; ce droit peut aller jusqu'à la peine de mort. La légitimité de cette dernière est controversée ; nous n'avons pas à examiner ici cette controverse, mais d'autres peines inférieures renferment aussi une véritable violence légale.

En général, les actes de violence de la seconde catégorie, ceux qui sont exercés pour réparer la violation d'un droit, n'émanent des simples citoyens que lorsque la société ne les exerce pas à leur profit ; c'est dans les lacunes de la loi sociale que demeure cette *survivance* de l'état primitif ; par exemple, la *vendetta* se fait jour dans les cas où le citoyen est insuffisamment ou se croit insuffisamment protégé par la société.

Les actes de violence qui ont pour but de venger la violation d'un droit sont-ils légitimes ? Cette légitimité est contestée. D'abord, il faut que la vengeance sociale se substitue, autant que possible, à la vengeance privée, parce qu'elle est plus mesurée, et pour cela il faut que les lacunes de la loi qui permettent la seconde n'existent plus. Quant aux actes de contrainte exercés par la société, ils sont contestés à leurs extrêmes limites, c'est-à-dire pour la peine de mort, mais généralement admis par ailleurs.

La troisième catégorie comprend les actes de violence qui sont employés à la *preuve* du droit. Cette expression : *preuve du droit par la violence*, semble bien étrange, et pourtant rien de plus exact : cette expression, absurde en logique, est vraie en histoire. La preuve se fait par des témoignages ou des instruments écrits ; mais elle eut lieu d'abord par la décision des armes. Le duel judiciaire a précédé les enquêtes ; c'était l'avant faire droit. Pourquoi? Parce que, pour prouver par les moyens raisonnables et probants, il faut pouvoir le faire devant une juridiction reconnue par les deux parties, ou à elles imposée, et capable de faire exécuter ses décisions. A défaut d'un arbitre, il faut bien recourir à la lutte, et c'est le résultat de cette lutte qui décide. Elle décide tellement que, la lutte cessée, son résultat continue pacifiquement.

La *violence probatrice* a régné dans trois sphères différentes : 1° dans les rapports d'individu à individu, c'est le *duel* ; 2 dans ceux de groupe d'individus à groupe d'individus, c'est la *guerre civile* ; 3° dans ceux de nation à nation, c'est la *guerre internationale*. La guerre civile est de plusieurs sortes : elle a lieu de province à province, c'est la guerre de sécession ; ou de religion à religion, c'est la guerre de religion ou sociale ; ou de parti politique à parti politique, c'est la guerre civile proprement dite.

Il y a entre le duel, la guerre intérieure et la guerre étrangère la plus grande affinité. Ils se sont peu à peu affaiblis, en commençant par le duel, mais sans disparaître. Le duel était d'abord judiciaire, réglementé par la loi, peu à peu il a été exclu de l'organisation sociale, mais il s'est maintenu en dehors, dans la pratique. La preuve sociale s'y est substituée dans les litiges entre individus, mais le duel est demeuré dans les interstices de l'organisation sociale, là où la preuve sociale était insuffisante ou nulle. Les guerres civiles sont devenues moins fréquentes. Les guerres étrangères sont en pleine vigueur.

TITRE PREMIER

De la suppression de la guerre internationale

Nous venons de fixer la *place* exacte de la guerre internationale sur les *coordonnées sociales*. Ce classement n'était point un hors-d'œuvre ; il nous a semblé nécessaire, pour bien en faire ressortir le caractère, et nous pouvons en formuler la définition certaine : *La guerre est la preuve par la violence, à défaut de juridiction commune, dans les conflits entre nations.*

Si cette juridiction commune existait, nous verrions se produire dans la *violence probatrice* ce que nous avons vu se produire dans la *violence de sanction*, c'est-à-dire la substitution de celle *collective* à celle *individuelle*. La contrainte probatrice exercée par la société est ou serait : 1° à la place du duel, celle qui existe déjà, la preuve et les moyens d'instruction permettant jusqu'à la détention préventive ; 2° à la place de la guerre civile, le droit proportionnel de la majorité et des minorités s'exerçant par le suffrage ; 3° à la place de la guerre étrangère, l'intervention d'un tribunal fédéral international.

C'est cette *substitution* du droit *probateur* de la *collectivité des nations* à celui *individuel* de chacune d'elles qu'il s'agit d'établir ; ce sera la suppression de la guerre internationale.

Sans autre préambule indiquons les moyens d'y parvenir. Ces moyens sont préparatoires ou définitifs. Quelque hâte que nous ayons de voir succéder la justice à l'in-

justice (nous ne nous attarderons pas à démontrer combien il est injuste de faire décider le droit par la force),
nous ne pouvons cependant penser que notre désir se
réalisera immédiatement. Il y aura donc une *période préparatoire*, qui amènera les nations au point où une entente
devient possible. Cette période préparatoire est d'ailleurs
commencée; il ne s'agit que d'en indiquer les éléments
et de les compléter. Elle doit, suivant nous, aboutir à l'ad-
mission de certaines institutions, externes à l'abolition
de la guerre, mais qui seront des points décisifs, au delà
desquels cette abolition ne rencontrera plus d'obstacle.

De là, trois chapitres dans notre petite étude pratique :
1° *Faits préparatoires* à l'abolition de la guerre ; 2° *Institutions préalables*. 3° *Organisation de la paix définitive*.

CHAPITRE PREMIER

Faits préparatoires à l'abolition de la guerre.

Comme nous l'avons dit en commençant. ce serait répéter un lieu commun que de décrire les horreurs d'une guerre étrangère actuelle. les malheurs qu'elle entraine, même terminée, les maux qui résultent de sa simple prévision. Parmi ceux-ci, il en est cependant un qui égale, qui, tout pesé, dépasse les maux de la guerre présente, c'est la nécessité de l'existence d el'armée, c'est ce qu'on appelle la *paix armée*. Celle-ci est aussi funeste que la guerre. Elle l'est surtout au point de vue économique : par les dépenses qu'elle entraine. elle ruine les budgets de tous les grands Etats. Par là même. elle empêche d'accomplir toutes les réformes qui seraient nécessaires pour un état social meilleur. Les lois ont deux côtés. celui *intrinsèque*, et celui *extrinsèque et budgétaire* ; quand les meilleures réussissent au premier. elles échouent au second. et tout progrès est arrêté. Ajoutez à cela les indemnités de guerre résultant de la défaite. et vous avez une nation qui, malgré son apparence de liberté. reste pieds et poings liés, pouvant désirer le mieux. mais incapable de l'accomplir. Faut-il mentionner les bras enlevés à l'agriculture et au commerce. la dépopulation qui rend inférieur aux autres nations ? Non. ce serait rester dans le lieu commun.

La guerre, la paix armée. ce sont les deux faces de cette grande question. Elles ont entre elles un ordre nécessaire. La paix armée devra disparaitre avant la guerre : tant qu'elle existe. elle conduit nécessairement à celle-ci : la guerre la décharge. pour ainsi dire, si l'on peut emprunter cette comparaison au monde physique et à l'électricité. La paix armée détruite, et sincèrement détruite, la guerre ne sera plus possible.

Or, aujourd'hui, la *paix armée* est à son *maximum de tension*. Il suffit, pour s'en convaincre, de citer les chiffres des effectifs militaires de chaque nation.

Contentons-nous d'en indiquer quelques-uns.

L'effectif des armées entretenues par les puissances de l'Europe sur le pied de paix s'élève à 3,600,000 hommes ; celui des armées sur le pied de guerre entretenues par cinq grandes puissances est de 21,000.000 d'hommes, dont plus de 5.000.000 appartiennent à la partie active.

Le budget annuel de la guerre est de 4.055,440,616 francs, dont, 3,189,000,000 pour les armées de terre et de 866,000.000 pour la marine de ces nations ; de près de cinq milliards pour les nations de toute l'Europe.

Au nombre des troupes il faut ajouter le chiffre des armements avec leur perfectionnement technique et des travaux de fortifications et de défense, et aux forces terrestres les forces maritimes : le tout augmentant chaque jour.

Pour plus de précision, nous empruntons le tableau suivant à l'ouvrage de M. Levasseur : *La Population Française* :

ÉTAT MILITAIRE DES GRANDES PUISSANCES

EN 1890-1891

| ÉTATS | POPULATION PAR MILLIONS d'habitants. | PIED DE PAIX | | | | PIED DE GUERRE ARMÉE DE TERRE par millions d'hommes. | | DÉPENSES ANNUELLE | |
| | | ARMÉE par milliers d'hommes. | | | RAPPORT à mille habitants | | | PIED DE PAIX par millions de francs en 1890-91. | Par habitant. |
		TERRE.	MER	TOTAL.		incorporés dans les cadres.	TOTALITÉ des hommes.		
France..	38.5 millions	591 mille.	64	655	17	2.0	4 2	8 4	23
Royaume Uni . ..	38.6 »	226 »	95	321	8	0.8	?	780	20
Empire Allemand..	49 5 »	519 »	16	535	10.8	1.8	7 2	941	19
Italie..	30 2 »	280 »	22	302	10	4 1	2.8	404	13
Autriche-Hongrie.	40.9 »	279 »	12	291	7.4	1.8	2.5	320	8
Turquie d'Europe.	98.6 »	755 »	30	785	8	?	11.7	780	7

Ces chiffres ont pris un accroissement considérable depuis que la loi du 15 juillet 1889 a été votée en France ; une autre loi a augmenté en Allemagne le nombre des hommes qu'on peut appeler sous les armes et la durée du service militaire. En somme, pour ne retenir que les chiffres les plus importants, la France peut réunir sous les drapeaux plus de quatre millions d'hommes, l'Empire Allemand plus de sept millions, la Russie près de douze : la Triple Alliance peut réunir douze millions et demi, et en supposant la France et la Russie réunies, elles lui en opposeraient près de seize millions. Quel choc résulterait de la guerre entre ces deux coalitions !

Quant à la dépense du pied de paix, elle s'élève chaque année pour l'Allemagne à près d'un milliard et pour la France à 885 millions.

Le contingent total des six grandes puissances européennes s'élevait (1890-1891) à deux milliards six cent cinquante millions d'hommes pour l'armée de terre, et deux cent trente-neuf millions pour l'armée de mer.

La dépense totale du pied de paix s'élève pour les six grandes puissances à plus de quatre milliards de francs.

Au contraire les Etats-Unis d'Amérique (pour lesquels la suppression de la guerre internationale est presque un fait accompli) n'ont qu'une armée de 40,000 hommes et ne dépensent que 360 millions de francs. Il en est de même dans presque toute l'Amérique.

Chaque jour le montant des effectifs augmente en Europe, et tous les Gouvernements demandent, en outre, aux Parlements, chaque année, de nouveaux crédits pour perfectionner l'armement. Dans certains pays comme l'Italie, cette dépense est tout à fait en disproportion avec l'état financier.

Comment, en présence de cette recrudescence de la paix armée, qui semble rendre la guerre de plus en plus imminente, peut-on conserver l'espoir de sa destruction ? Comment les faits préparatoires de cette destruction, faits que

nous avons annoncés, se sont-ils donc produits, et quels
sont ces faits?

Le premier a été l'excès même de l'armement et des
contingents militaires. Il en résulte un état anormal qui
ne peut être de perpétuelle durée. Lorsque les armées
ne se composaient que d'un nombre restreint d'hommes
appelés sous les drapeaux, que le service militaire ne
s'imposait pas à tous, que les dépenses étaient limitées,
l'état de paix armée était supportable, durable, et par
conséquent la guerre pouvait toujours rester en perspective, sans qu'on s'en émût, tant qu'elle n'était pas actuelle. Maintenant, il n'en est plus de même pour aucune
nation. Les dépenses militaires sont devenues intolé-
rables, et risquent de mener au déficit les plus solides
budgets, d'autant plus qu'elles sont destinées à s'accroître
tous les jours au point de vue de l'armement, en raison
des découvertes nouvelles de la science. Cet état financier
appelle la guerre pour mettre fin à la crainte de la guerre,
ou, au contraire, sa suppression définitive. Une situation
budgétaire aussi violente ne peut être que transitoire. De
même, l'obligation pour tout citoyen de servir pendant
plusieurs années coupe brusquement ses occupations,
modifie son caractère, et lui fait désirer le changement
d'une situation dont il souffre tous les jours.

Le second fait est le perfectionnement des armements,
des moyens d'attaque et de défense. Autrefois, il fallait
beaucoup de bruit, beaucoup de coups, pour peu de beso-
gne ; on pouvait ferrailler longtemps avant qu'un résultat
fût obtenu. Beaucoup souffraient plutôt qu'ils ne mou-
raient de la guerre : on doit ajouter que beaucoup en vivaient, à ce point de vue encore l'évolution a été rapide.
Les moyens d'attaque sont si puissants que l'une ou l'autre
des puissances belligérantes ne peut y résister bien longtemps ; les guerres sont nécessairement courtes ; elles le
sont, non seulement parce qu'elles brisent les obstacles
défensifs, mais en ce qu'elles tuent en peu de temps un
grand nombre d'hommes. Chaque coup porte, pour ainsi

dire. On souffre moins que dans les longues guerres d'autrefois, mais on meurt d'avantage. Le combat finit faute
de combattants. De ces batailles rapides, mais désastreuses,
il faut au vaincu un long espace d'années pour se relever.
Jadis il n'était qu'abattu, et malgré les traités arrachés
parla force recommençait bientôt la lutte; la paix n'était,
en réalité, qu'une trêve. Aujourd'hui la défaite l'affaiblit
par une large saignée, à la fois de sang et d'or; ses caisses
sont vides jusqu'au fond, comme ses veines. De là de longs
intervalles entre les guerres, même celles de races, même
celles entre voisins : ces longs intervalles habituent à la
paix; les haines grondent, puis impuissantes finissent par
diminuer : une génération entière disparaît, avant que
les revanches soient possibles, et la nouvelle qui n'a pas
vu ne peut vouloir avec la même intensité.

Le perfectionnement des armements a d'ailleurs amené
une autre manière de faire la guerre. De *personnelle* qu'elle
était, elle est devenue *réelle*. C'est dire que l'*arme* y
prime l'*homme*; l'artillerie est la maîtresse sanglante
et souveraine. Très récemment encore la lutte s'établit
d'homme à homme, la guerre est une collection de duels,
on s'aborde corps à corps, et par conséquent on se hait,
l'étranger est un ennemi individuel. La cruauté devient un
héroïsme, le *courage voile* ce que le *meurtre* aurait d'odieux
et on lave par son sang celui des autres. Maintenant le
courage est *passif*, *impersonnel* ; on reçoit les coups à
distance, d'une personne inconnue, et on les donne de
même ; *la guerre devient anonyme et au porteur, comme la richesse.* On ne peut plus haïr autant celui qu'on n'a
jamais vu. D'autre part, le fait d'armes n'a plus le même
attrait, le même mérite, l'héroïsme devient obscur, l'or-
gueil, qui est un ressort si puissant de l'âme humaine, ne
pousse plus à désirer la guerre.

D'ailleurs, tout le monde est soldat : celui-ci n'est plus
un homme, malmené sous certains rapports, mais privi-
légié sous beaucoup d'autres, qui contribuait à former un
corps spécial, ayant besoin de la gloire qui résulte de la

guerre pour se rehausser vis-à-vis des autres classes de citoyens, satisfaisant des instincts des cruauté et des instincts plus nobles de courage. Le soldat sort de la foule des citoyens et y rentre. Il a moins d'esprit militaire. tout en conservant le patriotisme et même l'héroïsme nécessaire ; la guerre n'est plus pour lui une utilité.

Depuis longtemps d'ailleurs il ne vit plus d'elle, au moyen du pillage, ce qui avait lieu dans les guerres anciennes ; mais il n'en vit même plus comme d'un métier ; la profession militaire n'existe plus que pour les sous-officiers et officiers, et comme elle est maigrement rétribuée, comme nous vivons dans un état de société où l'argent tend à devenir tout, elle n'entraine plus ni par un honneur spécial extraordinaire, ni par la fortune.

Le troisième fait a été le service obligatoire. Ce service, en englobant tous les citoyens dans l'armée, a changé. comme nous venons de le dire, le caractère de l'armée elle-même. On cherche à y passer le moins de temps possible. à y rester seulement pendant une période de paix. Ce temps de service accompli. on peut être rappelé sous les drapeaux, comme faisant partie d'une réserve (*landsturm*) ou d'une armée territoriale (*landwehr*). Mais on n'y tient guère ; on a repris sa profession civile. on est marié, on a perdu l'habitude des exercices corporels ; on ne peut quitter, même pour un temps, son industrie ou son commerce sans dommage. on désire y rester ; et si la déclaration de guerre était soumise à une décision piébiscitaire, à un referendum, on aurait contre elle le vote de tous ceux qui font partie de ces réserves. Ils ne seraient pas appelés, il est vrai, à le donner eux-mêmes, mais ils sont électeurs et sauraient se faire représenter par ceux qui devront comprendre leur sentiment, sans qu'ils aient même besoin de l'exprimer. Au contraire, lorsque l'armée se composait de professionnels, ou tout au moins de militaires astreints au service de sept ou de cinq ans. la guerre seule pouvait rompre la monotonie de cette servitude. et leur donner quelques chances d'avancement.

Le quatrième fait qui s'est produit et a opéré très puissamment dans ce sens, c'est la substitution dans presque toute l'Europe de la volonté *impersonnelle* des *Assemblées parlementaires* à celle *personnelle* des *Souverains*. Ceux-ci ont intérêt à faire la guerre de temps en temps : cela est nécessaire au prestige des monarchies, et conforme à leur origine militaire. La paix engendre le besoin de liberté, favorise l'individualisme, répand la richesse hors des classes qui doivent se la réserver ; en temps de guerre, au contraire, les liens hiérarchiques se resserrent ; le roi redevient à temps le général ; les mécontentements accumulés se tournent, se déchargent contre l'étranger, et ce dérivatif traditionnel a toujours été employé avec succès. Les démocraties pures, quoique basées sur un principe tout contraire, pourraient arriver au même résultat, quoique moins directement. Les tribuns peuvent avoir le même besoin d'exciter le patriotisme. Mais dans les gouvernements parlementaires et représentatifs, quelle que soit leur forme, l'impersonnalité des assemblées fait heureusement échec à la guerre. Le succès de cette guerre ne serait attribué à aucun de leurs membres, et son insuccès détruirait la popularité de tous. D'ailleurs, les débats sont publiés, motivés, commentés à mesure par l'opinion publique, et leur durée laisse les colères se refroidir. Par tempérament, par profession, les partis bourgeois sont éloignés de la guerre ; ils le sont bien plus lorsque les lois militaires appellent tout le monde sous les drapeaux. Or, aujourd'hui tous les gouvernements sont plus ou moins parlementaires ; le temps de la réflexion sera toujours acquis. Une fausse honte empêcherait souvent le chef unique de reculer devant la déclaration de guerre ; elle n'agira point sur une assemblée, chaque membre n'étant pas personnellement en cause. On décrétera bien encore des guerres coloniales, lesquelles n'engagent qu'une fraction de l'armée, jamais en tout cas l'ensemble de la population, mais non des guerres entre nations voisines ou rapprochées. C'est un avantage du parlementarisme, pour de nombreux défauts, d'être nettement pacifique.

Un cinquième fait, qui n'est pas nouveau, mais se produit actuellement dans des conditions particulières, fait aussi obstacle à la guerre, quoiqu'il semble y conduire : c'est celui des alliances défensives, existant de part et d'autre. Tant que des nations se combattent isolément, les autres laissent faire, elles se refusent même le droit d'intervenir, et le combat s'engage. Si, au contraire, un conflit amène d'un coup trois ou quatre nations réunies de chaque côté, les parties belligérantes hésitent. Si quelques-unes veulent s'engager en avant, elles sont retenues par les autres. Chaque nation alliée a le droit de discuter : si elle n'a pas été attaquée directement, elle fera valoir les motifs pacifiques. L'alliance est, d'ailleurs, de sa nature plutôt défensive qu'offensive ; lorsque la guerre ne sera défensive qu'en apparence, offensive en réalité, les alliés sauront bien lui restituer son véritable caractère. Puis, cette guerre de trois ou quatre nations contre trois ou quatre autres va mouvoir des armées formidables, exiger d'énormes dépenses : chaque nation ne pouvant plus faire la paix à son gré, à un certain moment il lui faudra peut-être faire la guerre malgré elle ; dans ces conditions elle hésitera avant de s'engager et sera toute disposée à signer un traité de paix.

Tels sont les faits dans le domaine de la guerre elle-même et de la paix armée qui tendent à faciliter sa suppression et qui sont de véritables amorces pour la construction de la paix perpétuelle.

Il faut ajouter le progrès du droit des gens. Autrefois la guerre était accompagnée de violences, d'exactions de toutes sortes, au moins de pillage ; elle se continuait souvent hors du champ de bataille. C'était affreux, mais naturel. Du moment qu'il y a haine, pour ainsi dire, d'homme à homme, entre les deux nations, on cherche à se faire le plus de mal possible ; on a un plaisir véritable à donner les coups mortels ; ce n'est plus la défense qui vous porte à frapper, mais l'antipathie. Au milieu des actes de courage et d'héroïsme véritable, des instincts assassins sont satisfaits, sans compter la soif de gain qui était allumée aussi. Aujourd'hui, le combat se cantonne de plus en plus au champ de bataille et aux fortifications, et il se fait d'après des règles sévères ; c'est l'escrime substituée à la boxe ; plus exactement, ce sont les armes qui se battent, non les hommes. Ceux-ci restent indifférents les uns aux autres. D'ailleurs, il ne leur est pas permis d'être autrement. Ils sont circonscrits de toutes parts dans la vie militaire comme dans la vie civile. Ils y vivent, ils y meurent dans le rang. Ils accomplissent une fonction. La guerre est aussi plus humaine, meilleure, mais elle n'est plus naturelle. Elle a perdu sa raison d'être, sa manière d'être. Elle n'est plus qu'une *survivance*.

Les faits actuels dont le développement prépare à l'abolition désirée ne se produisent pas seulement dans l'ordre d'idées militaire, mais aussi dans l'ordre d'idées civil, dans l'intellectuel, dans le politique, dans l'international ou ethnique.

Dans le premier, il faut remarquer tout d'abord une évolution qui s'est faite dans la vie du citoyen. Elle s'est *commercialisée* dans le sens large de ce mot. Au commencement du siècle, beaucoup d'hommes n'avaient pas de profession, vivaient de leurs revenus, petits ou grands ; ils ne sortaient de leurs loisirs que sous l'empire d'idées belliqueuses. Toute une classe de citoyens, celle aristocratique, ne jugeait digne d'elle que le métier des armes ; c'était un héritage et un souvenir. Le paysan, à une autre extrémité, par la tradition de guerres glorieuses, par ses exercices manuels, par son temps de service prolongé de sept années, y était préparé. Seul le commerçant répugnait à cette perspective, la lutte n'était pas dans ses habitudes, ses aptitudes ni ses goûts, et de plus ruinait son commerce ; sa vie même, sa santé avaient une valeur commerciale ; la victoire, comme la défaite, pouvait se traduire en faillite. Eh bien ! peu à peu, l'ensemble du pays s'est commercialisé ; la plupart se livrent à un commerce direct ou indirect : ceux qui ne peuvent le faire eux-mêmes le font par d'autres, ils montent en croupe sur le commerce d'autrui, comme bailleurs de fonds, comme actionnaires, comme obligataires, ils ont intérêt à ce que l'entreprise à laquelle ils s'attachent ne soit pas troublée. Jamais le commerçant n'a été guerrier, il l'est de moins en moins. Ce n'est pas tout, comme il forme la partie la plus importante, comme étant la plus riche, d'une nation, il entraîne peu à peu tous les autres dans son orbite, il exerce la suggestion de l'argent, et ceux qui avaient conservé le goût de la guerre le perdent par imitation.

Mais ce n'est pas seulement le caractère qui s'est modifié par cette commercialité ; ce sont plus directement les rapports individuels avec les nations étrangères. Le commerce international s'est développé à la suite du commerce national dont il est le prolongement nécessaire, et ses nécessités ont causé d'importantes évolutions.

Pour que ce commerce fût possible et facile, il a fallu briser une barrière, celle des tarifs douaniers, et de la protection on est passé au libre échange ; pas toujours, ni partout, il est vrai, et avec de nombreux retours en arrière, mais les brèches existent, elles ne seront pas comblées. De là une solidarité entre les marchés commerciaux, une égalisation des prix, et un immense développement du commerce international. Un pays produit pour l'autre ; s'il y a surproduction, il a intérêt à ce que tel autre où il y a manque achète, et par conséquent à être en paix avec lui ; la guerre ne blesserait plus seulement de près, elle ruinerait à distance. De commerçant à commerçant, d'ailleurs, quand l'un est acheteur et que l'autre est vendeur, il ne saurait y avoir de violence, il ne peut y avoir que de la fraude. Voilà donc entre les commerçants de deux pays l'alliance faite, et cette alliance gagnera tous les autres citoyens.

Elle gagne en première ligne ceux qui ne faisant pas directement le commerce spéculent. La spéculation

comme le commerce, est internationale bien vite. Point
n'est même besoin de spéculer, il suffit de vouloir placer
fructueusement ses fonds. Et alors deux solidarités entre
nations vont naître à la fois ; tout d'abord la solidarité du
marché. Sur la Bourse de Paris vont se négocier des
valeurs de tout pays sur le même pied que les valeurs
nationales. On achètera indifféremment, sauf les différences de solvabilité des débiteurs, de la rente française,
ou anglaise, ou allemande, et on loge ainsi l'ennemi dans
son portefeuille ; dès lors, il devient l'ami. Si une
panique s'élève à la Bourse de Londres, de Berlin ou
de Vienne, cette tempête passe sur la Bourse de Paris, et
toutes les valeurs sont en baisse ; on souhaitera donc que
ces Bourses voisines vivent en paix. Mais la solidarité
des intérêts est encore plus puissante que celle du marché.
Si j'ai placé mes fonds avantageusement en valeurs d'un
pays qui peut entrer en guerre avec le mien ou avec
tout autre, je souhaiterai que cette guerre n'ait jamais
lieu, car c'est contre mon propre budget qu'elle se ferait.
L'ennemi a dès lors des intelligences dans la place, des
intelligences inconscientes ; ce sont les meilleures. Je ne
puis, d'ailleurs, avoir de haine contre quelqu'un qui me
paie si bien, sans rien me demander en échange qu'une
contre-valeur de même sorte, et tout en me permettant
de rester bon patriote comme devant.

Habitudes commerciales et caractère qui en résulte,
extension du commerce hors du pays, suppression des
barrières douanières, solidarité des marchés financiers,
ce sont là peut-être les plus puissants leviers de la paix.
Ce ne sont pas les principes, ce sont les intérêts qui
règnent en ce monde ; ce ne sont pas les partis, ce sont
les classes sociales. L'argent est le souverain pour ceux
qui le désirent, comme pour ceux qui le possèdent ; ce
qu'il décide est bien décidé. Or, il veut la paix, parce
qu'il en a besoin.

Mais, dans cet ordre d'idées, les nécessités commerciales
ont encore rapproché les nations de plusieurs autres

manières, ou plus exactement, les ont identifiées sur plusieurs autres points. Pour commercer facilement, il ne suffit pas de ne point trouver des obstacles aux frontières, il est utile de faire les échanges au moyen d'une valeur commune.

De là l'unification des poids et mesures, les unions monétaires. De là aussi l'adoption du même étalon dans la question du métallisme, adoption qui aboutira à la suppression du change. Quelle perturbation dans mes rapports avec l'étranger, si la valeur du prix d'achat est perpétuellement variable en raison de la monnaie dans laquelle il a été stipulé? Au contraire, si la monnaie a partout la même valeur, si de plus elle porte les mêmes divisions, je puis sous ce rapport commercer avec les étrangers comme avec les nationaux. Du bureau d'où j'envoie mes ordres, je ne vois plus commercialement de différence entre mon pays et ses voisins.

Quant à la distance entre eux, elle est presque effacée par la rapidité et la multiplicité des lignes ferrées ; elle l'est tout à fait par l'existence des réseaux télégraphiques. S'il faut me transporter à l'étranger, je pourrai le faire en quelques heures.

Dans l'ordre intellectuel et moral, à son tour, la barrière entre nations tend à s'abaisser. Jadis, l'étranger était peu connu, et cette ignorance était peut-être un des motifs d'aversion les plus forts. Tous les regards étaient ou concentrés sur soi, ou tournés vers l'antiquité, centre commun. Un Français, par exemple, avait l'instruction classique, c'est-à-dire celle fondée sur l'étude du latin ; en littérature, il étudiait les auteurs français, les latins et les grecs ; il regardait derrière lui, mais ni devant, ni autour. Les langues de même famille, celles dérivées du latin et ayant une riche littérature, attiraient seules quelque peu son attention. Il y a vingt ans, la langue allemande n'était apprise en France que par des linguistes, ou superficiellement dans des écoles militaires spéciales. Maintenant l'instruction publique tourne sur un autre axe. Cet axe, ce sont les langues étrangères. Elles tendent à se substituer peu à peu totalement aux langues anciennes. On a même pris goût à la littérature des autres nations. Grâce à cette éducation nouvelle, les peuples étrangers ne sont plus inconnus ; leur langue apprise, on écoute leurs pensées, on s'aperçoit qu'il y avait là des hommes, semblables à nous, à peine différents sur quelques points. *Le barbare n'existe plus.* On se décide, pouvant les comprendre, à aller les visiter chez eux. On n'a plus peur du fantôme qu'on touche, donc on n'a plus de haine contre lui.

Les pensées se communiquent désormais ; on s'aperçoit, chose étonnante, qu'il y a plus de différence intellectuelle et morale entre deux classes de citoyens d'un même pays qu'entre citoyens de la même classe de deux pays différents. De là est né l'internationalisme, dont nous n'avons pas à nous occuper ici au point de vue politique et social, mais que nous devons relever comme fait, à celui où nous sommes placé en ce moment. Les travailleurs de divers pays, se croyant opprimés, se sont tendus la main à travers les frontières, ont mis en commun leurs malheurs et leurs plaintes, ont pensé qu'ils faisaient les affaires d'une autre classe en se haïssant et se sont réunis dans un vaste cosmopolitisme. Les autres classes ont protesté, en appliquant à celles-là l'épithète des *sans nations*, des *sans patrie*, et ont essayé d'y opposer, suivant leurs adversaires un étroit *chauvinisme*, suivant eux un patriotisme nécessaire. Mais cette riposte ne pouvait suffire. Les classes dirigeantes sont moins nombreuses ; la haine internationale qu'elles affectent est affaiblie par la direction nouvelle de l'instruction. Du reste, les classes dirigeantes de tous pays ont eu toujours entre elles un lien très étroit, celui de la richesse dont elles ne peuvent répudier le *cosmopolitisme objectif*. Les classes laborieuses étaient seules restées chauvines jusqu'à une époque très rapprochée, elles le sont encore en partie ; elles haïssent les étrangers, parce qu'elles ne les connaissent pas, parce que pour

eaucoup d'ignorants il y a autant de différence entre
n Français et un Russe, qu'entre un blanc et un nègre.
e même que pour beaucoup de personnes appartenant
ux classes dirigeantes il y a la même différence entre
lles et les hommes des classes populaires. Eh bien ! c'est
e chauvinisme persistant des classes laborieuses, chauvi-
isme qui était le plus grand obstacle moral à la sup-
ression de la guerre, qui se dissout partout où perce le
ocialisme international. Celui-ci s'adresse précisément à
a classe populaire la plus chauvine, celle des ouvriers, et
a plus remuante : celle des paysans l'est beaucoup moins.

S'il continuait son œuvre, il aboutirait à l'indifférence
ntre nations et par conséquent à l'impossibilité de la
uerre. Il est vrai que peut-être alors la guerre civile
ourrait se trouver substituée à la guerre étrangère : c'est
n point que plus loin nous examinerons. Mais, il est
ertain que si la masse du peuple venait à penser qu'elle
'a aucun intérêt à la guerre, que celle-ci ne profite, en
as de victoire, qu'aux classes supérieures, et en cas de
éfaite, au contraire, pèse plus lourdement sur elle par
e fournissement de contingents nouveaux et l'augmen-
ation des impôts indirects, elle refuserait de prendre
art au combat, et guerre pour guerre préférerait celle
ntérieure qui peut, croit-elle, lui profiter, à celle exté-
ieure qui ne peut que lui nuire. Ceci dit, bien entendu
ans appréciation intrinsèque de cette doctrine, Nous
stimons, d'ailleurs, que toute violence est mauvaise.
Nous faisons simplement ici une analyse psychologique.

Ainsi, au point de vue intellectuel, dans les classes
irigeantes, rapprochement entre les nations par la
irection mutuelle de leur instruction ; et dans les classes
aborieuses, rapprochement par les doctrines sociales
ommunes.

Pour poursuivre jusqu'au bout cet examen sociologi-
uement psychologique, il faut remarquer la *réaction,*
ais dans le même sens, causée mécaniquement par
ette *action*.

Les classes dirigeantes des diverses nations sont devenues à leur tour cointéressées, contre le mouvement
coalisé des classes populaires ; elles se sont, par conséquent, rapprochées, dans un but inverse ; les gouvernements ont eu plus d'intérêt à combattre certains de leurs
gouvernés que les étrangers ; et le mouvement inférieur
a amené un mouvement supérieur dans le même sens ;
le danger de guerre civile a détruit ou atténué celui de
guerre étrangère.

Comme à plusieurs autres époques de l'histoire, il y a
oscillation entre les tendances entre ces deux guerres, et
peut-être est-ce par un mal qu'on en combat plus efficacement un autre, sauf ensuite à empêcher les progrès du
premier. Quoi qu'il en soit, ce phénomène sociologique
est indéniable. Ce n'est qu'à de rares périodes de l'histoire,
celles de crises très aiguës, que les deux sortes de guerre
concourent, nous en avons eu des exemples en France lors
de la guerre de Cent ans, pendant celles de la Révolution,
après la guerre de 1870 ; mais ordinairement il y a *oscillation régulière et mécanique* entre ces deux fléaux : la guerre
étrangère et la guerre *civile* ; *l'une chasse l'autre*, de même que
dans le corps humain une maladie violente atténue les
autres.

Cela est si vrai que ce ne sont pas les querelles sociales
intérieures seules qui affaiblissent les haines internationales et objectives pour les remplacer par d'autres subjectives et voulues, mais aussi les querelles religieuses
et les querelles politiques. Les luttes religieuses se sont
affaiblies, mais si l'on se reporte à l'époque de leur domination, on voit que les protestants de la France et ceux
de l'Allemagne et de l'Angleterre avaient de secrètes
sympathies, et qu'un *humanitarisme embryonnaire* en était
le résultat, la révocation de l'édit de Nantes a même de
Français fait des Allemands ; dans un temps plus éloigné,
le cosmopolitisme chrétien affaiblissait le patriotisme romain et admettait dans son sein les esclaves et les barbares. Pour nous restreindre à des faits contemporains,

les dissensions religieuses qui ont éclaté presque simultanément en France et en Allemagne après 1870, car chacun de ces pays a eu alors son *Cultur-Kampf*, ont eu pour effet de désintéresser une partie des citoyens de chacun des deux Etats des affaires publiques, et indirectement de l'intérêt national ; elles ont tempéré chez les uns le triomphe, chez les autres, l'amertume de la défaite.

Il en est de même des luttes politiques intérieures. Lorsque la Révolution française amena l'émigration, les citoyens expulsés s'attachèrent à des nations étrangères, puis à des armées ennemies. A leur retour en France, en qualité de classes dirigeantes, ils tempérèrent l'élément chauvin qui tendait à tout absorber. Plus récemment, les partis politiques tenus à l'écart chez nous par le triomphe d'un parti dominant, ne prenant pas part au mécanisme gouvernemental en temps de paix, n'y prendraient qu'une part résignée en cas de guerre, à moins qu'un danger pressant et commun ne vint combiner entre eux les éléments dissociés et que la violence de la guerre étrangère ne vint éteindre la guerre civile même dans son état latent.

On peut observer dans le monde moral et social des phénomènes identiques à ceux qui s'accomplissent dans le monde physique ; comme les autres, ils sont pour ainsi dire aveugles et sourds et opèrent inconsciemment. L'oscillation entre la guerre étrangère et la guerre civile est presque une loi exacte, qu'on peut constater même dans l'intérieur de la famille. Y a-t-il absence de danger extérieur, les membres de celle-ci s'éloignent les uns des autres, se laissent gagner par l'indifférence, cette paresse du cœur ; au contraire, s'il y a un danger commun ou une lutte intense pour la vie, ils se rapprochent De même, les individus d'une nation *s'associent* étroitement pour la lutte contre l'étranger ; mais que la paix soit stable, que surtout il y ait eu triomphe à la sortie d'une lutte, la *dissociation* s'opère insensiblement. Cependant, il ne faudrait pas se contenter de formuler ainsi cette loi : elle serait incomplète. De même que certaines substances

chimiques se combinent sous l'empire d'une forte cha-
leur, mais si l'on chauffe davantage finissent par se dissocier ; de même la guerre étrangère combine ordinairement les éléments sociaux dissociés et le fait très
énergiquement, mais si la lutte devient plus vive, par
exemple s'il y a invasion du territoire, complète déroute,
de nouveau la *dissociation* s'opère à *cette température supérieure*, et la guerre civile vient joindre ses horreurs à
celles de la guerre étrangère, c'est ce qui est arrivé aux
époques que nous avons signalées comme exceptionnelles.
Il n'y a pas d'exceptions dans le monde moral et social
pas plus que dans le monde physique. il n'y a que des
interférences de lois.

Au point de vue moral, une barrière toute puissante
existait, c'était la barrière religieuse ; elle tend à s'a-
baisser aussi au moyen de l'indifférence. Autrefois entre
un Français d'une part, un Anglais de l'autre, il y avait
antipathie, non seulement *ethnique*, mais aussi religieuse,
tandis qu'une certaine sympathie existait envers l'Italien
ou l'Espagnol, c'est que l'Anglais était protestant et le
Français catholique. Maintenant ni l'un ni l'autre ne
sont ni l'un ni l'autre. Le Français est catholique nominalement, comme l'Anglais protestant nominalement
aussi, ils ne sont pas pour cela athées, ils sont désintéressés
de ces questions, par conséquent ne se haïssent plus
pour employer des formules différentes qui de pleines
sont devenues vides.

La science elle-même est internationale au plus haut
chef. Les savants ne sont d'aucun pays ; tandis que les
littérateurs conservent le caractère national. Or, le règne
de la science s'étend de jour en jour.

Enfin l'adoucissement des mœurs contribue puissamment à affaiblir les idées belliqueuses. Cet adoucissement
se fait sentir dans la maison elle-même, dans la patrie,
et s'étend jusqu'à l'étranger. La substitution de l'arme
à feu à l'arme blanche. de la lutte d'artillerie à la lutte

corps à corps, y contribue certainement. C'est l'*adoucissement objectif*.

Dans l'ordre d'idées politiques se rangent deux faits
que nous avons étudiés : 1° le gouvernement parlementaire qui s'universalise favorise partout le maintien de
la paix ; 2° le mouvement socialiste qui s'accentue empêche la guerre d'être désirée par les classes populaires de
divers pays. Nous ne voulons pas y revenir.

Dans l'ordre d'idées international, il faut signaler,
parmi les faits actuels précurseurs de l'abolition de la
guerre, l'habitude de plus en plus fréquente de recourir
à des arbitrages internationaux dans tous les cas où
un conflit est né de la faute d'un des nationaux. Sans
doute, lorsqu'il y a un grief de la totalité d'une nation
contre la totalité d'une autre nation, ou ce qui revient au
même dans l'état actuel, d'un gouvernement contre un
gouvernement, tout arbitrage d'un tiers est impuissant,
parce que les nations en conflit sont trop intéressées et
ne peuvent admettre la décision défavorable ; mais lorsqu'il s'agit d'un fait isolé, émanant de particuliers, mais
engageant indirectement la nation, cet arbitrage est possible. On peut en citer des cas nombreux, par exemple
dans la question de l'Alabama, dans celle de la baie Dela-
goa, et lors du différend entre l'Allemagne et l'Espagne,
relatif aux îles Carolines. Cette habitude se généralise
de plus en plus. Elle a succédé heureusement aux len-
teurs de négociations diplomatiques. Elle est l'image des
décisions de tribunaux internationaux de l'avenir, mais
il ne faut pas anticiper ici.

Enfin dans l'ordre d'idées ethnique, un des plus importants, il s'est produit, non des faits spéciaux, mais des
habitudes qui, en effaçant partout le caractère national,
y substituent le caractère international. Autrefois il y
avait des différences accentuées dans les types des populations de ville à ville, de province à province, et elles
se manifestaient de manière à frapper les yeux, tout
d'abord dans les costumes, puis dans l'accent, enfin dans

les coutumes. Dans l'intérieur de chaque pays tout cela a presque disparu. Les costumes ont cédé la place à la mode uniforme, et il n'y a guère plus d'originalité dans les idées que dans les habits. Les locutions provinciales, l'accent provincial ont aussi disparu, et on ne retrouve plus les anciennes coutumes. Les facteurs de ces transformations sont connus : l'établissement des chemins de fer surtout. Eh bien ! il en est de même de pays à pays étranger, quoique dans une moindre mesure. Les costumes nationaux disparaissent, les coutumes deviennent les mêmes. La différence des lois, des langues, seule persiste ; elle est tellement importante que nous l'examinerons plus loin à part, mais par ailleurs l'uniformisation est presque accomplie. Il ne reste plus que la différence ethnique, mais dégarnie de presque toutes ses conséquences ; dès lors, elle est insuffisante pour nourrir l'antipathie internationale, et celle-ci s'affaiblit. Les guerres de race à race étaient les plus pressantes, et en dernier lieu c'étaient les seules à craindre. Sous des régimes démocratiques ou parlementaires il faut que tout le monde consente pour passer aux hostilités, mais ce consentement est vite donné, même contre toute opportunité, quand il y a antipathie de races. C'est ainsi qu'une telle aversion, devenue traditionnelle, a longtemps existé entre l'Angleterre et la France, et que toute occasion de se battre aurait été bien venue des deux nations. Ces dispositions ont changé, *l'histoire s'efface, l'avenir est à la géographie* ; elle vous transporte et vous fait habiter en tous lieux comme chez soi.

Enfin il ne faut pas oublier un facteur qui passe inaperçu mais dont l'importance croît tous les jours, il s'agit de l'influence grandissante de la femme dans la société.

Cette influence est naturellement pacifique. La guerre est contraire à l'intérêt et aux affections de la femme, elle décime la famille, détruit la protection sur laquelle elle comptait, ruine souvent le patrimoine. Jusqu'à présent, il est vrai, la femme n'a pas voix dans ces questions,

et son action n'est qu'indirecte. Mais déjà s'élèvent ses
revendications des droits politiques et civils, et la question du *féminisme* est posée ; nous avons examiné cette
question ailleurs. Si la femme triomphe dans ses revendications, si elle a voix dans les Assemblées, elle con-
cluera presque toujours en faveur de la paix, et le principe plutôt d'affection que de combativité qui est dans
son esprit aura ce résultat utile.

Tels sont les faits actuels qui servent d'amorces à la
suppression de la guerre : ce sont des faits préparatoires.
Cette préparation était bien nécessaire, car, sans elle, l'idée
de la paix universelle serait restée à l'état d'utopie. Il en
était ainsi au commencement de ce siècle. Presque aucun
des faits que nous venons de signaler ne s'était encore
produit. Sauf un certain adoucissement de mœurs,
nous en étions sur cette question au même état qu'à la
fin du moyen âge. Depuis, il s'est accompli une évolution
rapide. Il s'agit de la suivre et de la hâter encore. En
reprenant chacun de ces faits, il est facile de voir combien on peut le développer, de manière à lui faire produire
tous ses effets. Si cette marche n'était œuvre trop lente,
peut-être suffirait-elle pour faire atteindre le but désiré,
car tous ces faits convergent vers le même point.

Une autre préparation plus volontaire, plus directe, est
aussi très utile. Il s'agit de suggérer aux esprits, d'une
part, l'énormité de tous les maux résultant de la
guerre, d'autre part, la possibilité de sa suppression :
cette conviction est nécessaire pour y parvenir. Nous
avons dit que nous ne voulions pas dans la présente
étude nous occuper de ce point de vue, que nous préférions
aller droit à notre but, nous charger de la partie la plus
difficile de l'entreprise, celle de trouver des moyens pratiques et topiques de supprimer la guerre. Mais nous ne
méconnaissons l'utilité de l'autre tâche. La peinture
vive de l'injustice, de la cruauté, de la bêtise de la guerre
internationale devra impressionner les esprits, les pas-
sionner, les exciter vers la paix, pour que celle-ci

triomphe, mais à chacun sa tâche, nous nous contenterons de la nôtre. Dans ce but, la propagation des idées pacifiques par la presse, les conférences, les réunions publiques, sera très expédiente.

Mais le plus important ce serait de vastes associations internationales dont les membres promettraient de combattre la guerre dans tous les cas où cela leur serait possible. On influerait ainsi sur les Parlements, sur les Gouvernements, non seulement sur l'opinion publique ; le militarisme serait affaibli. Il faudrait recourir à l'histoire pour montrer les maux passés causés par la guerre et faire toucher du doigt aux classes atteintes de chauvinisme, combien peu les victoires leur profitent, et l'inanité de l'appât avec lequel on les conduit ; il faudrait ramener au point la valeur des grands mots mis en avant, et mettre l'amour-propre hors de cause dans cette grande question.

CHAPITRE II

Institutions préalables à la suppression de la guerre.

Beaucoup de barrières entre nations se sont abaissées, de nombreux obstacles à la paix sont détruits, et la disposition des esprits s'est modifiée ; cependant, malgré ces signes précurseurs, bien des personnes s'obstinent à considérer la suppression de la guerre comme une utopie. Ce mot d'*utopie*, qui n'est qu'un mot, a plus fait pour empêcher bien des progrès que des *obstacles réels et objectifs* ; quoique *tout subjectif*, il a la grande et fatale *puissance des mots*.

L'utopie est une chose impossible, excellente en théorie, mais qui ne se réalisera jamais, c'est une conception non viable. Tant que l'homme, dit-on, aura des passions, il entrera en conflit ; ne pouvant régler ce conflit régulièrement, il le fera par les armes, or, les nations n'ont pas et n'auront jamais de juge commun ; si elles y consentaient un moment, elles reviendraient vite sur leur consentement, et personne ne pourrait leur imposer sa décision. D'ailleurs, laquelle voudrait désarmer la première pour jouer le rôle de dupe ? Elles peuvent à peine s'entendre ; elles parlent chacune une langue différente ; la loi de l'une, la morale de l'une, n'est pas la loi ni la morale de l'autre.

On a traité d'abord d'utopie toutes les vérités que la science morale ou la science politique ou même la science physique a proclamées plus tard. Le mot n'a donc rien d'effrayant. Cependant il faut reconnaître qu'il est bien appliqué ici, car personne n'a recherché d'une manière sérieuse les moyens pratiques et matériels d'abolir la guerre ; on s'est contenté d'émettre des vœux de plus en plus pressants, ce n'était pas assez.

Continuons donc notre recherche, et sans combattre les mots, ces fantômes, voyons dans la réalité si la paix universelle est possible, et comment.

Il ne suffit pas de l'avoir préparée ; il faut voir, avant de l'organiser, s'il n'existe pas encore de gros obstacles, qui, s'ils ne sont enlevés préalablement, rendront sa construction impossible ou trop difficile.

Or, suivant nous, les questions préalables qu'il faudrait résoudre sont les trois suivantes : 1° la question des nationalités ; 2° celle des langues ; 3° celle des législations.

a). — *Question des nationalités.*

Cette question n'existait pour ainsi dire pas avant 1848. Depuis, elle est devenue de la plus haute importance. Autrefois les souverains primaient et effaçaient les nations, à plus forte raison les races. D'ailleurs le mouvement de celles-ci avaient été tel, et leur mélange si fort, qu'on avait quelquefois peine à les reconnaître. La guerre de cent ans fut une guerre de succession, et comme telle, surtout une guerre de rois, quoique ses vicissitudes aient profondément affecté la nation elle-même. On voyait sans étonnement une nation scindée en deux et gouvernée pour partie par un prince étranger, ou le même prince gouverner à la fois des pays éloignés, comme l'Espagne et les Pays-Bas. Quant aux races, elles ont été souvent confondues en une seule nation, et le sont encore. La Suisse renferme des Italiens, des Allemands et des Français ; il est vrai que le gouvernement fédératif rend cette réunion plus facile. L'Empire d'Autriche-Hongrie forme l'ensemble le plus composite qui existe, et ne peut rivaliser sur ce point qu'avec l'Empire ottoman. La distribution des races d'une manière non conforme à leur besoin d'unité était encore bien plus singulière dans les siècles précédents. La Révolution française ne releva pas le principe du droit des races à côté de celui des droits de l'homme. Il lui fallut lutter d'une manière défensive, puis offensive, et les guerres de l'Empire qui continuèrent les premières visèrent la conquête, c'est-à-dire ce qu'il y a de plus contraire au droit des races. Après sa chute, on retourna à peu près au droit ancien. Un exemple frappant de la violation du droit des races, et même des nations, fut le partage de la Pologne qui fut répartie entre trois puissances : la Russie, l'Autriche et la Prusse.

Mais en 1848 la doctrine proclama le droit des races ; de nombreuses insurrections se produisirent par toute l'Europe ; le Lombard-vénitien voulut secouer le joug de l'Autriche, la Hongrie celui du même pays, et la Pologne se révolta ; l'Irlande, à son tour, posa cette question à côté de sa question agraire. Ces efforts n'aboutirent pas, mais marquèrent nettement que la question des nationalités était posée *par la force contre la force*.

Cette question consiste essentiellement à se demander quels sont les citoyens qui doivent se grouper ensemble naturellement pour former une nation indépendante des autres. Cela dépendra-t-il de la volonté de celles-ci ou de la leur ? Dans le premier cas, ils ne sont pas vraiment libres. Il est vrai que, sous peine de n'avoir pas d'ordre social, la minorité doit, après discussion, se soumettre à la majorité ; mais il s'agit précisément de savoir sur qui doivent se compter la majorité et la minorité. C'est ce qui fait qu'ici le *côté réel* prime le *côté personnel*. Quand on prétend, par exemple, que l'adhésion des citoyens à tel ou tel royaume ou république dépend de leur libre consentement, et qu'ils doivent voter pour opter, cela n'est pas tout à fait exact. Dans telle province, par exemple, il est bien vrai qu'on peut soumettre au vote la question de savoir si elle sera annexée à tel ou tel autre pays ou si elle restera indépendante, et dans ce vote la majorité liera la minorité, mais il faudra pour émettre ce vote séparé que cette province soit la seule de sa race ; s'il y en a d'autres de la même, l'existence

de la province elle-même ne sera plus qu'artificielle, ou
tout au moins incomplète, comme serait celle d'un dis-
trict, d'une commune ou d'un hameau, et majorité et
minorité ne doivent plus se compter sur elles seules, mais
sur toutes les provinces de même race. Il faut former
l'élément réel pour base avant de passer à l'élément personnel et au vote.

La loi naturelle est donc que la majorité des peuples
de même race doit décider de son autonomie ou de son
annexion. Comment déterminera-t-on la race ?

Cette détermination est parfois assez difficile. Il est
d'abord possible que la race n'existe plus, que par le
résultat de la pression historique elle se soit déjà complè-
tement fondue en une autre, ne laissant que des traces
ou affaiblies, ou sporadiques, ou différant si peu d'une
autre race qu'il n'y ait pas lieu à distinction.

Que si la race n'a pas été absorbée, il est difficile de
remonter jusqu'à ses origines pour la distinguer, mais
il existe un signe à peu près sûr, facile à consulter, c'est
le langage ; les peuples qui parlent la même langue sont
de même race ; on peut considérer cette vérité comme
provisoire et approximative. De plus, la différence de
langage formant pratiquement la principale barrière avec
les peuples, on se trouve, de ce côté encore, dans la
réalité des faits.

Quelquefois cependant le langage peut être un indice
trompeur. C'est ainsi que les Bulgares qui sont de race
ougrienne ont adopté une langue slave, et comptent
comme Slaves. Ici le langage, quoique différent de la
race, a dominé celle-ci et avec raison ; en effet, la civilisation suit le langage ; les Bulgares sont donc, non seulement de langue, mais aussi de civilisation slave. Le contraire s'observe dans l'Alsace-Lorraine : les habitants de
ce pays sont d'origine mixte, comme tous ceux des frontières, et leur langage est allemand ; à ce titre l'Allemagne
les revendique, mais leur civilisation est française, l'histoire semble les rattacher à la France, ainsi que leurs tra-

ditions et leurs sympathies. Ici la civilisation l'emporte sur le langue, et dans une question de race par ailleurs indécise peut déterminer la race.

La nationalité indiquée tout d'abord par le langage peut être décidée, malgré celui-ci, par l'origine, ou fixée, en cas de doute, par les tendances historiques et le centre de civilisation. La nationalité peut se trouver ainsi différente de la race elle-même.

La fixation des nationalités peut être plus difficile lorsqu'il s'agit, non pas de races différentes, mais de variétés dans la même race, alors la langue de l'une des deux nations n'est plus qu'un dialecte de celle de l'autre, et cependant la nationalité souvent n'en est pas moins vivace. La Pologne est un pays slave, comme la Russie ; il n'y a pas plus de différence entre la langue russe et la polonaise qu'entre l'italien et l'espagnol ; cependant l'histoire atteste quelle fut la vitalité de la Pologne. C'est qu'ici la nationalité s'est formée par l'histoire, presque indépendante de la langue et de la race elle-même ; l'histoire est un moule où les nationalités se refont.

Il faut donc substituer le mot de *nationalités naturelles* à celui de *races* qui peut devenir inexact ; *la nationalité est la race modifiée par l'histoire.*

Cette définition faite, voyons quel est l'effet de la nationalité naturelle. Elle en possède deux : l'une de *répulsion*, l'autre d'*attraction*. Lorsqu'une nationalité est bien nette, non seulement elle repousse les nationalités autres, mais elle est attirée par les peuples de même nationalité et les attire. Il se passe ici dans le monde ethnique les mêmes phénomènes que dans le monde physique. La répulsion et l'attraction sont en raison de la masse.

C'est ainsi que s'est accomplie dans notre siècle l'unification italienne et aussi l'unification allemande. Dans la première, certaines fractions étaient restées sous un joug étranger (le Lombard vénitien), les autres étaient libres, mais désagrégées entre elles ; une force d'attraction les a soudées ensemble, car l'Italie ne forme qu'une nation et qu'une race. Il en est de même de l'Allemagne ; sa division en royaumes distincts n'était pas naturelle, quoiqu'il y eût entre eux un lien de fédération qui n'existait pas en Italie ; la plus forte masse a attiré les autres, ce qui a donné l'hégémonie à la Prusse. Dans un Empire voisin, c'est un mouvement contraire qui s'est produit ; l'Autriche ne relie que par un lien artificiel ses diverses parties, la Hongrie est devenue indépendante, la Bohême tend à le devenir, les autres races suivront, et, on pose déjà à côté de la question tchèque, la ruthène, la slovène, etc. Ces peuples deviendront indépendants, et la partie allemande de la monarchie austro-hongroise ira se réunir à l'Empire d'Allemagne dont rien ne la distingue essentiellement. Quelquefois les deux mouvements tirent en sens contraire ; c'est ce qui arrive pour l'Espagne et le Portugal, tantôt le principe de l'union l'emporte, tantôt, au contraire, celui de l'indépendance du Portugal. Le mouvement de démembrement de l'Empire ottoman est commencé, mais non terminé ; chaque peuple, d'origine différente, se groupera et redeviendra indépendant.

Cependant des peuples de races différentes peuvent rester librement groupés, cela est dû à un élément qui n'est pas négligeable, la situation géographique, mais alors ces peuples divers vivent sous le régime de la confédération et non sous celui de l'unification complète. Le pays habité peut être tel qu'il y ait nécessité pour la défense de ne pas scinder les peuples qui l'habitent ; en outre, comme le climat et le sol ont une grande influence sur l'homme, il est possible qu'un pays ait donné son caractère aux peuples qui l'habitent et l'aient sous certains aspects unifié ; enfin, chaque peuple serait trop petit pour faire les frais généraux de son gouvernement et pour résister aux entreprises d'autres nations voisines. C'est ce qui est arrivé pour la Suisse. C'est ce qui pourrait se produire pour les peuples de races très diverses qui habitent l'Empire austro-hongrois et la Turquie d'Europe. Tous ces peuples pourraient devenir indépendants et se confédérer : Grecs, Bulgares, Roumains, Hongrois, Serbes, et autres principautés slaves ; les Turcs seraient refoulés en Asie-Mineure (Anatolie), et il y aurait là un groupe puissant, homogène politiquement par son hétérogénéité ethnique elle-même. Ce serait peut-être la solution de la question d'Orient.

La géographie peut opérer dans un sens tout à fait différent, et amener la sécession de peuples de même race ; alors la distance rend l'unité de gouvernement impossible ou incommode, et d'autre part, l'action d'un sol et d'un climat, d'un milieu différent, a agi suffisamment sur la race pour la différencier. C'est ce qui arrive dans la sécession des colonies devenues majeures et capables. L'exemple le plus frappant en a été la guerre de l'indépendance des Etats-Unis. Nous y reviendrons tout à l'heure à propos des colonies.

Les causes de la guerre entre les nations, qui se fondent sur l'amour-propre ou le désir des conquêtes, pourraient être écartées par les peuples devenus plus éclairés, mais celles fondées sur les questions de nationalité ne sauraient être ainsi éliminées ; elles sont *réelles* plutôt que *personnelles* et volontaires ; elles éclatent d'elles-mêmes. Sans doute, lorsqu'il s'agit de revendications d'un peuple qui se trouve sous la domination d'un seul autre, le seul résultat est la guerre civile, et non la guerre internationale, celle qui nous occupe ; mais souvent ce peuple se trouve sous la domination à la fois de plusieurs autres, comme la Pologne, ou bien, se trouvant sous la domination d'un seul autre, tendrait, non à être autonome, mais à s'annexer à une autre nation, c'est ce qui arriverait pour l'Alsace-Lorraine. Dans tous ces cas, il y y aurait cause de conflit international.

Tel est un des obstacles les plus puissants et les plus directs à l'abolition de la guerre étrangère. Aucun peuple ne renonce sincèrement à des revendications de cette sorte, et cette arrière-pensée suffit pour troubler la paix. Pour pouvoir asseoir celle-ci sur une base très solide, il faudrait donc avoir refait d'abord la carte de l'Europe.

Il serait curieux d'indiquer comment cette carte devrait être tracée en suivant le principe des nationalités ; les modifications y seraient profondes. Quelquefois il n'en résulterait que des rectifications de frontières ; nous ne parlons pas de ce cas ; mais souvent il y aurait de véritables blocs enlevés à certains massifs.

L'Irlande, le pays de Galles, seraient détachés de l'Angleterre, et formeraient un royaume uni et indépendant de race celtique. Ils pourraient ensuite constituer avec l'Angleterre une confédération géographique.

L'Espagne et le Portugal se réuniraient en une seule Confédération.

Les provinces allemandes de l'Autriche-Hongrie se réuniraient à l'Allemagne.

L'Alsace-Lorraine formerait un Etat indépendant qui se confédérerait géographiquement avec la Suisse, le Luxembourg, la Belgique et la Hollande, sous le nom de confédération Rhénane.

Le Danemark, la Suède et la Norvège seraient indépendants l'une de l'autre, mais confédérés, sous le nom de confédération scandinave.

La Pologne et la Lithuanie recouvreraient leur indépendance et formeraient un seul Etat; il en serait de même de la Bohême ; de même de la Hongrie ; ces trois pays seraient confédérés géographiquement.

Les Grecs, les Bulgares, les Albanais, les Serbes, les Roumains, seraient confédérés géographiquement et formeraient autant d'Etats distincts.

En Russie, tous les peuples de race slave, moins la Pologne, continueraient de former un seul Etat, mais les peuples de race ougrienne, Lapons, Morduins, etc., deviendraient indépendants, et formeraient une confédération.

Telle serait la solution préalable à donner, celle de la question des nationalités ; c'est la seule qui provoque sérieusement à la guerre, il faudrait donc la résoudre.

Mais nous reconnaissons que cela ne serait guère possible
n l'état qu'au moyen de guerres nouvelles et terribles,
t nous indiquerons plus loin un autre moyen de la déci-
er, après l'établissement de la paix dans le *statu quo*.

A côté de la question des nationalités se pose une ques-
ion connexe qui peut amener aussi des guerres fré-
uentes, c'est celle *coloniale*.

L'inviolabilité d'une nation étrangère, à moins de cause
érieuse d'exception, n'est reconnue dans l'état actuel de
'esprit public que quant aux nations de même civilisa-
ion ; elle n'existe ni quant aux peuples de civilisation diffé-
ente, ni quant aux peuples sauvages.

Cependant il y a une tendance à faire entrer les peuples
le civilisation différente dans le cercle qui concerne ceux
le la nôtre propre, par exemple, la Chine ; en effet, cer-
ains pays, le Japon, par exemple, adoptent nos lois, nos
outumes, et si la géographie n'y contredisait pas, on
pourrait les appeler des pays européens.

Mais les peuples sauvages restent en dehors. Il y a à leur
égard un droit à l'humanité, qui a été consacré par les
raités récents sur la traite des nègres, mais il n'y a pas
le véritable droit des gens. Quelques personnes ont re-
vendiqué le droit d'autonomie pour ces peuples. Pratiquement, il est difficile d'admettre ce principe pur. La civilisation n'a de prise que par la force sur des peuples qui
ne connaissent que la force. C'est l'éducation forcée, sauf
le droit du peuple sauvage, lorsqu'il sera civilisé, de re-
devenir indépendant.

La colonisation peut créer deux sortes de conflits :
1º celui de la colonie devenue majeure vis à vis de la
mère-patrie, de la métropole ; 2º celui des divers peuples
civilisés entre eux pour se disputer une colonie faite ou
à faire ; 3º celui du peuple civilisé contre le peuple
sauvage.

Le premier de ces conflits concerne l'intérieur de
chaque pays, il aboutit à une guerre de sécession, qui
est une variante de la guerre civile, nous n'avons pas à

nous en occuper ici. C'est ainsi que les Etats-Unis se sont détachés de l'Angleterre ; les Républiques hispano-américaines, de l'Espagne ; c'est ainsi que plus tard l'Australie deviendra indépendante.

Le second, au contraire, est un conflit international. Tout le sol occupé par les peuples non civilisés est regardé par les civilisés, comme non habité, comme libre. Ce n'est qu'une fiction, il y a souvent à lutter contre les populations indigènes, mais entre les divers conquérants possibles, cette fiction règne. On tend dès aujourd'hui à régler pacifiquement le conflit. Les nations, à moins d'être en guerre entre elles pour d'autres motifs, ne cherchent plus à s'enlever leurs colonies. Quant aux colonies à fonder, on évite de le faire de manière à nuire à celles voisines. Quelquefois on se partage expressément ou tacitement le pays à coloniser : c'est ce qui est arrivé récemment pour le Sud Afrique. Le progrès sur ce point est presque accompli. Les conflits qui se produisent encore pourraient facilement être soumis à un tribunal international.

Quant à la troisième sorte de guerre, celle contre la population indigène, elle n'expose presque jamais sérieusement à un péril la nation civilisée conquérante, à moins que l'indigène ne soit soutenu subrepticement en armes ou munitions par un autre peuple civilisé. Autant que possible, ces conquêtes devraient être pacifiques ; on se livre contre les indigènes à des cruautés inutiles. Cependant cette guerre est la dernière qui disparaîtra ; car le peuple qu'on dépouille du sol n'y consentira jamais volontairement, et cette spoliation elle-même n'est guère juste : on doit, tout au moins, partager ce sol avec lui. A ce point de vue, la France colonise moins fructueusement mais plus humainement que l'Angleterre.

b). — *Question des langues.*

Ce qui fait la démarcation la plus pratique entre les différents peuples, c'est la diversité des langues ; cette frontière intellectuelle est bien plus escarpée que les limites géographiques. Ne pas comprendre un seul mot de ce que dit un autre homme est ce qui nous en sépare le plus. Dès lors, plus de communication de pensée, plus de continuité sociale. L'étranger est pour nous le barbare, c'est à peine un homme.

Deux peuples qui parlent la même langue sont presque le même peuple, rien ne distingue essentiellement un Belge ou un Génevois d'un Français. Nous n'hésitons pas à dire que, s'il en était ainsi de tous les peuples, la paix universelle serait bien vite réalisée. Mais les langues sont vivaces, et cette hypothèse ne se réalisera pas. Chaque peuple tient à la sienne et il a raison ; c'est, en dehors de tout autre motif esthétique, une garantie de son indépendance. Des nations opprimées se sont refugiées dans leur langue plus sûrement que dans leurs montagnes ; leur accent vaut des rochers, leurs idiotismes des fleuves, et leur syntaxe réfractaire les protège plus puissamment qu'une mer internationale. D'ailleurs, chaque langue est consacrée par un passé littéraire auquel l'esprit ne peut renoncer.

Seuls, les dialectes pourraient disparaitre sans inconvénient et disparaissent, en effet, devant la langue plus littéraire et commune.

Mais, à côté de la langue nationale et maternelle conservée, ne serait-il pas possible d'établir une autre langue, employée dans certains cas seulement, qui serait commune à tous les peuples ?

En thèse, rien ne s'y oppose, et des essais ont eu lieu en ce sens. On a employé successivement trois procédés.

Le premier a consisté dans l'adoption d'une langue morte, par conséquent neutre et acceptable pour tous sans froisser l'amour-propre d'une nation. Cette langue était consacrée par la religion, la civilisation, les traditions historiques. Il s'agit du latin ; pendant longtemps non seulement on la comprit, mais on l'écrivit, on la parla, et tous les peuples, dans leurs classes lettrées, pouvaient s'entendre par ce moyen. Ce procédé présentait plusieurs inconvénients : 1º chaque peuple prononçait le latin suivant sa prononciation propre, ce qui le rendait inintelligible pour les autres ; 2º il y transportait ses propres idiotismes, ce qui rendait cette langue barbare, résultat d'autant plus choquant qu'il s'agissait d'une langue très affinée par la culture littéraire, et au lieu de juxtaposer cette langue internationale à celle maternelle, on étouffait cette dernière au profit de l'autre, c'est-à-dire le naturel au profit de l'artificiel, et l'on écrivait les ouvrages littéraires ou scientifiques en latin. Ces défauts devaient amener la ruine du système. Aussi la langue latine d'abord ne fut plus parlée, puis ne fut plus écrite, enfin elle commence à ne plus être apprise de nos jours et sera bientôt totalement rayée de l'enseignement, même classique. D'ailleurs, le procédé avait un vice essentiel ; le latin ne pouvait être langue internationale qu'entre les personnes lettrées des divers pays ; les illettrés qui forment la grande masse n'avaient aucun moyen de communiquer avec l'étranger.

Le second procédé consiste à adopter l'une des langues vivantes actuelles et à l'enseigner à tous les peuples, à côté de sa langue maternelle. Dès longtemps presque tous les étrangers apprennent le français, langue employée dans les documents diplomatiques, et qu'on a pu considérer comme internationale. Mais le même vice essentiel tout à l'heure signalé se retrouve ici ; cette connaissance n'est acquise qu'aux lettrés, c'est-à-dire à un très petit nombre. D'autre côté, les autres nations cultivent davantage maintenant leur langue propre. Les

Russes, par exemple, les lettrés, qui ne parlaient guère que le français entre eux. parlent maintenant le russe. L'amour-propre national l'a emporté. Les Français essaient de renouer le fil, en apprenant eux-mêmes les langues étrangères les plus répandues, l'anglais, l'allemand. Ce mouvement s'est produit en France à partir de 1870. Mais il faut apprendre dans ce but deux ou trois langues, ce qui est beaucoup. Enfin cette connaissance d'une langue étrangère vivante sera toujours incomplète ; on pourra la traduire, ou même l'écrire, difficilement la parler d'une manière pratique, à moins d'avoir vécu quelque temps à l'étranger. La prononciation, l'accentuation, l'ordre des mots dans la phrase, les idiotismes forment autant d'invincibles obstacles.

Le troisième procédé consiste à créer de toutes pièces une langue nouvelle que tous apprennent et qui n'appartienne exclusivement à personne ; l'amour-propre national ne pourra plus être froissé. Il faut que cette langue ne contienne aucun son qu'un peuple ne puisse prononcer. Enfin, elle doit être très simple, pouvoir s'apprendre très vite, et être à la portée de l'instruction primaire. Elle ne doit pas être une langue de lettrés, mais celle de tout le monde. On conservera à côté, bien entendu, sa langue maternelle. L'emploi des deux sera même bien différente. La langue internationale ne servira qu'aux relations d'affaires, elle n'aura rien de littéraire, mais elle devra pouvoir être parlée.

On a essayé diverses tentatives de langue universelle. Les uns ont voulu en faire un langage scientifique, établissant dans les mots les mêmes rapports que dans les choses ; l'entreprise était impossible. puisqu'on ne connaît pas les rapports vrais des choses elles-mêmes. D'autres, plus pratiques, n'ont tendu qu'à procurer les avantages matériels de la communication entre peuples ; c'est le cas des Volapükistes qui composent un jargon tirant ses racines de toutes les langues les plus usuelles. Mais ils ont commis cette faute de vouloir constituer dans leur grammaire une langue savante, aussi compliquée que les langues classiques. Nous avons dans une étude spéciale à laquelle nous renvoyons le lecteur, et intitulée : *De la possibilité et des conditions d'une langue internationale*, tracé le type de cette langue internationale. Elle doit surtout être très simple, exclure les idiotismes, n'avoir presque point de grammaire, ressembler au parler nègre, ou à celui monosyllabique des peuples de l'Extrême-Orient, enfin au langage de l'enfant lui-même. Tout ce qui dépasse forme autant d'obstacles.

Cette langue universelle devra être enseignée, même dans l'instruction primaire. Chacun parlera deux langues, la langue maternelle, souvent très difficile, si on veut en connaître parfaitement l'esprit et les lois, la langue artificielle et internationale, au contraire, très simple. Chacun pourra désormais correspondre en cette langue ; on apprendra aussi à la parler.

c). — *Unification des lois*

Un obstacle sérieux au rapprochement entre les peuples, c'est certainement la différence de leurs mœurs et de leurs lois. Les mœurs sont sensiblement les mêmes chez les peuples de même civilisation, de civilisation européenne, par exemple ; mais dans le cas inverse elles sont souvent contraires. C'est ce qui arrive pour les Musulmans. Leur polygamie constitue d'une manière différente de la nôtre leur état de famille, et par lui une partie de leur droit civil. Or, nous n'avons pas plus le droit de leur imposer notre régime sous ce rapport, qu'ils n'ont celui de nous imposer le leur. Nos relations se trouvent ainsi restreintes, et il subsiste une certaine antipathie morale. Il est impossible de détruire directement cette divergence.

Cependant elle s'affaiblit. Les Européens n'ont plus, par exemple, cette monogamie abrupte qui résultait du principe de l'indissolubilité du mariage ; depuis l'introduction du divorce chez les peuples germaniques et quelques-uns des peuples latins, surtout, si comme l'amènera fatalement la logique, le divorce par consentement mutuel est admis, la monogamie ne sera plus qu'une polygamie successive ; entre elle et la polygamie simultanée des Musulmans, il y a, sans doute, une différence, mais combien moindre !

De même, certains peuples admettent encore dans leurs institutions la féodalité, mais ils deviennent de moins en moins nombreux.

Quoi qu'il en soit, les différences de mœurs ne peuvent s'aplanir qu'avec le temps, il n'en est pas de même des différences des lois, et celles-ci, quoique moins graves que les premières, sont cependant plus importantes au point de vue de la pacification et du rapprochement des peuples.

On ne peut guère être disposé à entrer en relations d'affaires ou de famille avec des étrangers, surtout à distance, lorsqu'on ignore leurs lois, qu'on sait seulement qu'elles sont tout autres que les nôtres sur presque tous les points. Un droit spécial tout entier a été créé pour régler les conflits entre les législations des différents peuples. De telle sorte que celui qui veut avoir des relations juridiques sûres avec des étrangers devrait savoir, 1° comme la sienne propre la législation de ce pays ; 2° le droit international privé ; et s'il a affaire dans plusieurs pays, ce seront les lois de tous ces pays qu'il lui faudra connaître, car aucune n'est identique à l'autre. Or, on sait combien la législation française est compliquée, et ce sera une tâche impossible pour celui qui n'y est pas forcé par sa profession de posséder cette science intégrale. En outre, les difficultés de compétence viennent tout compliquer. Quelle est l'organisation des tribu naux étrangers ? A qui s'adresser en cas de litige ? Tous ces obstacles empêchent de contracter avec l'étranger. Les relations commerciales se ralentissent, les civiles s'arrêtent : les lois forment des barrières moins élevées que celles des langues, mais encore très abruptes.

Nous avons démontré dans une monographie sur l'*unification des lois* par quels moyens pratiques il serait possible d'obtenir en peu de temps celle des lois de différents peuples ; nous y renvoyons le lecteur.

Nous voulons seulement indiquer nos conclusions. L'unification se ferait successivement en partant des points sur lesquels elle commence déjà à s'accomplir, et qui sont d'une pratique plus fréquente. On commencerait par le droit commercial maritime, et l'on continuerait successivement par le droit du change, celui de la faillite, celui des sociétés, puis le surplus du droit commercial, enfin la procédure commerciale. Passant de là au droit civil, on réglerait en commun d'abord les points où les divergences de mœurs ne peuvent faire obstacle, le droit hypothécaire, puis celui des obligations, le droit de succession, les droits réels, les droits matrimoniaux, enfin ceux de famille ; la procédure civile suivrait. Plus tard, ce serait le tour du droit pénal et de sa procédure ; celle-ci comprendrait les règles de la compétence.

De lieu à lieu l'unification serait successive aussi. Ce seraient d'abord les législations les plus rapprochées, celles des peuples latins entre elles, par exemple, qui arriveraient à une fusion ; les législations germaniques ensuite, déduction faite de celles anglo-américaines qui ont un caractère particulier, lesquelles fusionneraient ensemble de leur côté. Enfin ce seraient à leur tour ces groupes unifiés qui fusionneraient l'un avec l'autre.

Quant aux moyens pratiques à employer, il faudrait d'abord le consentement des nations qui mettraient leur législation en commun, mais il suffirait en premier lieu du consentement de deux d'entre elles. Ce serait le point de départ qui attirerait ensuite les autres dans l'union.

Pour réaliser la fusion entre les lois commerciales, puis civiles, puis répressives de deux nations, le Parlement de chacune d'elles nommerait une délégation. Les deux délégations se réuniraient et voteraient ensemble à la

majorité les lois communes, en les discutant. Ce vote provisoire serait ensuite soumis aux Parlements entiers qui
ne pourraient qu'approuver ou rejeter l'ensemble, sans
rentrer dans le vote des articles.

L'unification ne comprendrait pas l'absolue universalité
des lois. Il y en a qui doivent rester propres à chaque
nation, les lois politiques proprement dites, beaucoup de
lois administratives, enfin celles qui expriment les coutumes locales sur les points de détail. En outre, il y aurait
un résidu dans les lois civiles, pénales et commerciales,
qui échapperait à l'unification ; cela constituerait un Code
spécial de plus en plus restreint, mais qui laisserait de
l'élasticité au système, permettrait les progrès législatifs.

Voici comment ce résidu se produirait :

D'abord il est possible que les délégations réunies pour
l'unification des lois rejettent certains articles sur lesquels
persisterait la divergence : il ne faut pas que ces désac-
cords empêchent l'unification de la législation ; leur ensemble constituera une partie de ce que nous appellerons
le *résidu autonomique*.

Puis, comme nous l'avons dit, certaines lois, les politiques, par exemple, échappent, longtemps du moins, à
cette unification, et viennent grossir le résidu.

Enfin, et cela est un point très important, il ne faut pas
qu'une nation ne puisse apporter des améliorations dans
ses lois sans le consentement d'une autre ou surtout de
plusieurs autres ; on serait ainsi indirectement condamné
à l'immobilité législative. Chacune aura le droit chaque
année de voter provisoirement des lois, mais ces votes
devront être en fin d'année communiqués à la nation
législativement alliée ; les délégations se réunissent ; si
elles approuvent, la loi deviendra commune ; si la loi
n'obtient pas la majorité, elle sera soumise à un vote
nouveau du Parlement qui l'a proposée, et si celui-ci la
maintient, ce sera une loi particulière, échappant à l'union.
Ces lois, le domaine administratif étant réservé comme
nous l'avons fait, seront presque toujours approuvées par

la nation alliée ; celles *particularistes* seront très rares,
elles viendront grossir le résidu autonomique.

Lorsque cette unification législative sera achevée, ou
même seulement commencée, les diverses nations se
trouveront singulièrement rapprochées ; les relations
seront aussi faciles à l'étranger que dans le pays. Le
droit international privé, avec ses complications inextri-
cables, aura disparu. Aujourd'hui il donne ce résultat
singulier que par hypothèse un Français peut être Anglais
devant la loi française et en même temps Français devant
la loi anglaise, Allemand devant la loi italienne. Par
ailleurs, des relations fréquentes auront lieu entre les
gouvernements, dans lesquelles les assemblées délibére-
ront par leurs délégations en commun. Les préjugés
internationaux disparaîtront à ce contact.

Comme corollaire de l'unification des législations, il
serait utile d'unifier : 1° les poids et mesures ; 2° les mon-
naies dont le titre et les divisions serait internationales
comme dans l'union monétaire latine ; 3° l'étalon dans le
métallisme, lequel tend aujourd'hui, en effet, à devenir
l'étalon d'or ; 4° l'équivalence de grades universitaires.

Si l'on obtient préalablement tout cela, la paix géné-
rale et durable s'établira d'elle-même.

CHAPITRE TROISIÈME

Organisation de la paix définitive.

Nous venons de voir que lorsqu'on aurait obtenu les progrès qui mènent indirectement, à la pacification, le groupement naturel des nationalités, l'établissement d'une langue internationale, l'unification des législations et de ce qui en dépend, que quand on aurait développé les autres faits qui préparent la paix et qui s'accomplissent déjà devant nos yeux, la paix s'établirait d'elle-même, qu'une simple convention internationale la proclamerait sans résistance. Mais tous ces progrès sont lents. Faudra-t-il donc les attendre, et pendant ce temps continuer l'œuvre cruelle qui consiste à donner la mort, sans raison, sans justice et même sans haine, ou ne pourrait-on presque immédiatement arriver au but ?

Demander ce résultat immédiat semble plus utopique encore que de conquérir successivement la paix : on quitte la route sûre de l'*évolution* pour procéder brusquement par une sorte de *révolution*. Est-ce possible d'y réussir? Jamais les armements n'ont été si formidables ; jamais les craintes entre nations si fortes ; jamais les frontières si mal établies et les nationalités si mal réglées. Chaque jour les progrès de la science viennent augmenter la force des armements, les habiletés de la tactique; la mort procède automatiquement et détruit par masses profondes. Tous les hommes valides sont sur pied. Derrière les fortifications de pierre et de métal se trouvent celles de la chair et du sang, les réserves. Le goût personnel du meurtre a disparu, mais il n'en est plus besoin; le meurtrier est anonyme, la victime aussi ; ils ne se voient pas, ne s'entendent pas, frappent à travers la muraille, à travers la fumée, sans jamais se toucher. Cette modification de la guerre empêche les effets des sentiments croissants d'humanité. En outre, la paix armée, armée jusqu'aux dents, force à la guerre ; on dépense presque autant à ne pas se battre qu'à se battre. La guerre ne se contente pas d'absorber le sang, elle absorbe l'argent ; elle le fait d'avance ; même absente, elle entre dans les budgets dont elle suce la moelle : le blé, le vin, la graisse de la terre sont pour elle, et elle n'a pas besoin pour cela comme autrefois de se mettre en mouvement ; on les lui apporte, pendant qu'elle se repose : elle ne pille point, on lui donne tout. Elle fait autant de mal par son absence que par sa présence.

Eh bien ! ce sont précisément ces cruautés de la paix armée qui vont hâter l'abolition de la guerre ; elles sont incessantes, et par ce seul fait deviennent plus insupportables que tous les maux violents, mais temporaires, d'une lutte actuelle. Toutes les nations le sentent et le pensent, et certes, si elles pouvaient désarmer, chacune la dernière, avec la certitude que telle ou telle autre ne pourrait armer contre elle en secret, le désarmement serait immédiat et la guerre rendue impossible.

Ce que nous voulons précisément démontrer, c'est que la paix armée peut disparaître, sans qu'aucune nation désarme avant l'autre, sans qu'elle coure le risque qu'une autre puisse ensuite armer contre elle jamais. La paix armée ayant disparu, la guerre disparaîtrait d'elle-même, les conflits pouvant désormais se juger par un tribunal supérieur et commun.

Autrefois, dans l'intérieur d'un même pays, il y avait des guerres incessantes d'homme à homme, de château à château, de commune à commune, de province à province. Qui eût prédit que ces luttes cesseraient n'aurait été cru par personne. Quel serait le château qui désarmerait le premier sans crainte d'être ensuite attaqué par son voisin lequel n'aurait pas encore désarmé ou armerait de nouveau par félonie? Puis, si des conflits survenaient entre eux, qui en serait juge? Un voisin? Mais il faudrait alors le consentement des deux parties. Un supérieur commun imposé? Qui? Le Roi? Il était trop loin et trop faible ; il guerroyait contre ses vassaux et n'était pas toujours vainqueur. Donc la guerre entre châteaux durerait toujours, et à plus forte raison toujours aussi la guerre entre communes, la guerre entre villes, la guerre entre provinces. Et cependant toutes ces guerres ont disparu.

Comment ce résultat s'est-il produit ? Il est très curieux de le savoir, car le passé est l'exemple de l'avenir, et ce qui a eu lieu au cours de l'évolution s'y reproduira encore. Un supérieur est venu, le roi, il a affirmé de plus en plus sa puissance en rasant beaucoup de châteaux, il est intervenu dans les querelles entre vassaux et les a forcés à recevoir sa décision, puis ceux-ci habitués sont venus la lui demander d'eux-mêmes. Mais comment le roi a-t-il pu s'imposer ainsi ? Il était faible ; il était souvent vaincu lui-même, lui, le suzerain, dans les luttes contre ses vassaux ; il n'avait pas plus de gens d'armes que les autres seigneurs, gens qu'il levait, comme eux, sur son domaine, lorsque l'occasion de guerroyer venait à surgir ? Mais il est devenu fort, parce qu'il s'est formé une armée permanente, levée non plus de temps en temps et prise sur son propre domaine, mais sur le domaine de tous, que ceux qui n'étaient pas en conflit n'ont pu lui refuser pour protéger l'ensemble du pays contre l'étranger ; cette armée permanente a grossi peu à peu, elle est devenue plus considérable que celle de chacun des vassaux pris à part ou même que celle de plusieurs vassaux réunis. Le roi désormais juge entre les vassaux malgré eux et fait exécuter sa décision par la force. Puis, lorsqu'il est devenu plus fort encore, il défend à ses vassaux, aux communes, aux villes, de lever des hommes ; il se lève et lève seul ; plus de guerres intérieures possibles. Voilà ce qui s'est accompli dans le passé ; voilà ce qui s'accomplira entre nations dans l'avenir, par un *processus* analogue.

La guerre n'est qu'un moyen de procédure, et n'existe évidemment que parce qu'il n'y a pas de supérieur commun, de tribunal arbitral ayant le droit de s'imposer, qui règle les conflits. Dès que ce tribunal existerait, on procéderait devant lui, comme font les simples citoyens devant un tribunal ordinaire; il faudrait s'en remettre à sa sentence que le tribunal ferait exécuter par la force publique. Dans les périodes troublées, quelquefois les tribunaux ordinaires ne fonctionnent plus entre les citoyens, ou dans certains cas ils sont insuffisants. Alors on voit apparaître ou reparaître la guerre d'homme à homme, le duel ; c'est la procédure rudimentaire. De même, la guerre est la procédure rudimentaire entre nations qui dure encore, mais qu'une procédure régulière abolirait, si elle était possible.

Aussi l'idée de remplacer la guerre par un arbitrage n'est-elle pas neuve. Il s'agit de l'arbitrage volontaire. Deux nations sont en conflit, elles soumettent ce conflit à la décision d'une troisième nation, et acceptent d'avance. Rien de mieux ! Mais il faut le consentement des deux nations en litige. Le donneront-elles ? Oui, s'il s'agit de querelles entre quelques-uns de leurs nationaux ; aussi, s'il s'agit de questions secondaires ; et dans cette limite, l'arbitrage international a souvent réussi. Non, s'il s'agit de questions vitales, d'annexions de provinces, de déplacements de frontières, d'usurpations de colonies ; non surtout, s'il s'agit de querelle, d'antipathie de race ; non, si chacune des nations aux prises a entre les mains une force armée formidable qui peut lui donner droit. Peut-être d'avance ces nations auraient-elles consenti à rendre quelque autre juge des différends qui pourraient survenir entre elles ; mais dans le conflit actuel est-ce possible de faire cette convention ? Et si même elle eût été faite d'avance, la tiendrait-on, pouvant la briser ? On voit que nous n'affaiblissons pas les arguments de ceux qui traitent d'utopie l'abolition de la guerre.

L'arbitrage international volontaire est donc une illusion : mais l'arbitrage forcé ! On a mis en avant un sys-

tème très spécieux et très simple. Une convention géné-
rale intervient entre toutes les nations de l'Europe.
Lorsque deux de ces nations seront en conflit, elles
devront soumettre leur différend à un tribunal composé
des délégués de toutes les autres, lesquelles n'étant pas
parties jugeront impartialement ; que si la nation condamnée par le jugement n'exécute pas la décision, les
autres l'exécuteront contre elle par la force !

Ce système qui séduit d'abord se heurte et se brise à deux
objections. D'abord, sans doute, la coalition des juges
pourra vaincre la résistance du condamné si ce condamné
est unique, et la guerre qui aura lieu ne saura être bien longue, ni par conséquent bien cruelle ; mais s'il y a plusieurs
condamnés, si plusieurs nations ont fait alliance et refusent
de se soumettre, il faudra pour les dompter une véritable
guerre semblable à celles d'aujourd'hui, et cette guerre, au
lieu d'être cantonnée entre deux nations, deviendra universelle. Puis, ce système suppose forcément le maintien
de la paix armée, on n'aura de remède que pour un des
deux maux : or, nous savons que la paix armée est elle-
même aussi désastreuse que la guerre. Enfin est-ce que cette
ligue pour le bien ne se dissoudrait pas facilement ? Chaque
nation ayant conservé toutes ses forces pourrait à tout moment s'en détacher, et de quel droit l'y retiendrait-on, si
elle disait, non qu'elle refuse de se soumettre à une décision sur tel litige, mais bien, en l'absence de tout litige,
qu'elle se retire du pacte ? On voit que nous corroborons
encore les arguments de ceux qui traitent d'utopie l'abolition de la guerre.

Mais alors il ne reste donc que le désarmement général et spontané de toutes les nations, puis leur sou-
mission à un arbitrage volontaire. Mais comment les
nations consentiront-elles à ce désarmement ? Qui commencera ? Conçoit-on la France démantelant ses forteresses, jetant ses armements, ses équipements, détrui-
sant ses munitions, laissant son artillerie, licenciant ses
armées, pendant que de l'autre côté du Rhin l'Allemagne

n'en aurait pas donné l'exemple? Conçoit-on l'Angleterre
remisant sa flotte de guerre, la désarmant, tandis que les
vaisseaux des autres nations seraient encore le long de ses
côtes ? Personne ne voudra commencer, et on aura bien
raison.

La solution de ces difficultés est cependant très simple,
et, avant d'arriver à l'organisation de détail, il importe
d'en faire nettement ressortir le principe.

Il existe un moyen par lequel toutes les nations désar-
meront, mais aucune n'en prendra l'initiative, ne désarmera avant les autres, et cependant il ne s'agit pas d'un
désarmement général et simultané qui aussi bien serait
matériellement impossible. L'obstacle essentiel à la pacification aura disparu.

Mais toutes les nations ayant désarmé, quel sera le
moyen d'exécution d'une décision du tribunal international, si la nation condamnée refuse de s'y soumettre.
Les autres nations ayant désarmé ne pourront plus contraindre celle-ci par la force ; quant à la nation condamnée, elle fera valoir la résistance de l'inertie, en tout
cas appellera ses hommes valides, et le duel entre les
deux peuples renaîtra.

Eh bien ! c'est le même moyen qui automatiquement
rendra possible l'abolition de la paix armée, et l'exécution du jugement arbitral.

Ce moyen, le voici :

Reprenons l'exemple que nous avons donné. Lorsque
la guerre a cessé entre les châteaux, entre les provinces,
est-ce au moyen d'une convention entre les châteaux, les
provinces, restant armés et se soumettant à un arbitrage
pour leurs conflits actuels ou possibles ? Nullement.
Est-ce par un désarmement simultané ? Nullement
encore. C'est lorsqu'il s'est formé au-dessus d'eux tous
une *force supérieure*, une armée permanente, plus
forte que les gens armés de chacune d'elles, armée ayant
à sa tête un chef, le roi, et pouvant imposer et **faire**
exécuter sa volonté. C'est alors que le roi a osé cons-

tituer son arbitrage, et les armées intérieures de chaque province devenant inutiles, puisqu'elles ne réglaient plus les conflits, ont disparu.

C'est ce qui devra se produire entre nations. Pour commencer l'évolution, *aucune ne devra désarmer d'abord*, mais chacune devra fournir un certain nombre de citoyens, avec l'armement, l'artillerie, l'équipement nécessaires, et aussi avec l'argent indispensable à leur entretien. Ces contingents de ces diverses nations se réuniront sur un point de l'Europe. Ils formeront une *armée internationale unique*, soumise à un commandement unique ; chaque contingent pourra d'ailleurs rester séparé des autres, il n'y aura aucun inconvénient à cela, et les différences de langage peuvent le rendre nécessaire. Cette armée sera *l'armée de la paix*. Elle devra être très forte tout d'abord, supérieure en nombre à celles réunies de plusieurs des nations entrées dans le pacte.

Quel sera le rôle de cette armée?

Il consistera à exécuter par la force les décisions du tribunal international.

Lorsqu'un conflit éclatera entre deux nations, elles devront le soumettre au tribunal international, composé de délégués de toutes les nations confédérées, celui-ci statuera, et elles devront exécuter volontairement cette décision. Deux cas sont à prévoir: les deux nations en conflit voudront le vider entre elles par la force sans recourir à l'arbitrage, ou bien la sentence rendue, celle qui aura perdu son procès refusera de se soumettre. Dans le premier cas, l'armée de la paix contraindra les deux nations, dans le second elle exécutera la sentence en contraignant la nation condamnée.

Il ne doit pas y avoir de force sans droit ; il ne doit pas y avoir de droit sans force.

Mais alors la paix armée subsiste; chaque nation conserve ses forces?

Oui, mais un moment seulement, pendant une *période transitoire*. Nous avons dit que l'armée internationale sera très considérable ; qu'elle doit l'être plus que ne le seraient celles de plusieurs grandes nations réunies. Il faut en outre, qu'elle soit bien organisée, bien exercée ; elle le sera au bout de peu de temps, et alors rien ne pourra lui résister. Elle deviendra toute puissante, et les décisions du tribunal international seront sûres de recevoir leur exécution. Cette armée sera, d'ailleurs, située sur un terrain neutre, de telle sorte. qu'aucune nation seule ne pourra l'accaparer.

Lorsqu'elle aura acquis cette force, le tribunal international pourra ordonner à toutes les nations de désarmer leurs armées particulières, et d'ailleurs elles le feront d'elles-mêmes, puisqu'on suppose qu'elles ont désiré l'établissement de la paix durable. Elles n'ont plus à craindre chacune les inconvénients résultant de ce qu'elle aurait désarmé avant sa voisine qui pourrait l'attaquer. Ce fait se produisit-il, l'armée de la paix viendrait à son secours et serait assez puissante pour désarmer la nation rivale. Mais d'ailleurs ce conflit ne se produira pas ; l'existence seule de cette armée suprême suffirait pour imposer le silence à toutes. L'obstacle essentiel qui s'élevait contre le désarmement a donc disparu. Aucune nation ne désarmera la première, ou ce qui revient au même, si elle le fait, c'est qu'elle est déjà protégée par l'armée internationale alors en pleine vigueur.

Mais une nation, après avoir désarmé, ne pourrait-elle pas armer de nouveau subrepticement? Si les nations étaient isolément en présence les unes des autres, il serait bien difficile d'empêcher ce résultat. Aucune n'aurait le droit d'ingérence chez sa voisine, et si l'armement clandestin s'accomplissait, il serait désastreux. Après la formation de l'armée internationale ce fait n'aurait pas un grand résultat ; le tribunal international ordonnerait le désarmement, et en cas de résistance, l'armée de la paix l'exécuterait.

Ce n'est pas tout, on pourrait même empêcher l'armement de se former. Une nation n'a pas le droit d'ingérence chez la nation voisine, mais le tribunal international l'aurait chez toutes. Il posséderait un droit de surveillance et de visite par ses émissaires ; tous les ports, tous les arsenaux lui seraient ouverts, et la force fédérale pourrait arrêter l'armement en voie de formation.

Ce désarmement ne pourrait être absolu. Chaque nation a besoin d'un certain contingent de force armée pour se protéger à l'intérieur ; il s'agirait seulement d'une sorte de *gendarmerie nationale* plus étendue. Elle se composerait surtout de tous les hommes ayant fait partie de l'armée de la paix et en congé ; elle serait appuyée par tous les citoyens armés en cas de danger intérieur, ce qui permettrait à cette gendarmerie nationale d'être d'un nombre d'hommes moindre.

Cette organisation accomplie, c'est-à-dire le désarmement général effectué, et surtout lorsqu'il aurait été pratiqué sincèrement pendant un certain temps, l'armée de la paix pourrait être moins considérable ; elle serait toujours maintenue cependant au chiffre nécessaire pour faire sûrement respecter les décisions du tribunal international.

Tel serait le *processus* employé pour l'abolition de la guerre : *tribunal international* pour juger les conflits entre nations ; *armée internationale* capable d'exécuter ses sentences par la force ; *administration internationale* surveillant le désarmement ; puis *désarmement effectif* ; puis *diminution* de l'armée internationale, dite armée de la paix, et réduction au chiffre nécessaire pour contraindre l'une quelconque des nations désarmées.

Le tribunal international sans force armée internationale n'était qu'un vain mot.

Le désarmement national avant l'armement international était un leurre et un danger.

L'abolition de la guerre sans l'abolition de la paix armée était une utopie.

Au contraire, le tribunal international avec une armée internationale devient une réalité.

Le désarmement national, après l'armement international, ne peut plus duper ni mettre en danger personne, même pas celui qui désarmerait le premier.

L'abolition de la guerre, après celle de la paix armée, se fait d'elle-même.

Nous avons voulu mettre en évidence le *ressort principal* du système que nous proposons. Nous devons maintenant montrer ce système dans son intégralité et dans ses détails.

Ce qu'il faut d'abord, c'est une *convention internationale*, une fédération pour la paix.

Englobera-t-elle nécessairement tout de suite toutes les nations ?

Cela n'est ni nécessaire, ni facile. A quoi bon d'ailleurs ? La guerre entre une nation de l'Europe et une de l'Amérique est maintenant peu probable. Celle avec une nation de l'Extrême-Orient ne pourrait guère être empêchée directement par une convention, nous allons voir comment elle peut l'être indirectement. Il en est de même, à plus forte raison, de la guerre avec un peuple sauvage.

Mais cette convention internationale devrait avoir lieu entre toutes les nations de l'Europe, et ailleurs entre toutes celles de l'Amérique. Il y aurait dans ce sens *les Etats-Unis d'Amérique*, mais plus étendus qu'ils ne sont aujourd'hui, englobant tous les peuples de ses deux parties, et *les Etats-Unis d'Europe*.

Cette convention ne serait pas difficile à obtenir dans un état d'absence de conflit actuel.

Mais il faudrait prendre pour base le *statu quo*, les limites des pays tels qu'elles existent actuellement, bonnes ou mauvaises ; autrement, on ne pourrait aboutir. Nous avons dit que la carte de l'Europe devrait être refaite d'après le principe *objectif* des nationalités ; mais cela ne serait possible que par des cessions qui ne seront pas consenties ou par des séries de guerres. Il n'y faut donc pas songer ; nous verrons plus loin comment les sécessions des races opprimées peuvent cependant s'accomplir dans l'intérieur de chaque pays, mais alors nous descendrons de l'*international* au *national* Sur le terrain international, il faut que la question des nationalités ne soit pas soulevée.

En vertu de cette convention on créerait à la fois : 1° un *tribunal international* ; 2° une *armée internationale* ; 3° une *administration internationale*.

Le *tribunal international* serait composé de délégués des Parlements de chaque nation. Ces délégués résideraient d'une manière permanente au siège de la délégation, qui serait dans le pays d'une des petites puissances parmi les confédérées. Ils seraient nommés à temps, mais non révocables. Chaque nation enverrait un nombre de délégués proportionnel à sa population, mais diminuant cependant suivant une échelle progressive, pour ne pas remettre toute la décision aux grandes puissances seules ; de plus, chaque nation quelque petite qu'elle soit, aurait un nombre *minimum* de délégués. Sur tout litige qui lui serait soumis, ce tribunal déciderait à la majorité des voix. Il pourrait ordonner toutes mesures d'instruction, citerait des témoins, en un mot, agirait en tous points comme un tribunal ordinaire et suivrait des règles de procédure spéciales.

Il serait saisi du litige par une des parties en cause ; il pourrait l'être par le chef de l'administration internationale (en particulier lorsque celle-ci aurait surpris un armement clandestin) ou se saisirait d'office.

Le chef de l'administration internationale remplirait auprès d'elle le rôle de ministère public.

Le tribunal international nommerait chaque année son président et son rapporteur qui ne pourraient appartenir à la même nation.

La décision serait notifiée aux nations en conflit. A défaut d'exécution volontaire, le tribunal fédéral ordonnerait l'occupation du territoire de l'Etat récalcitrant par un corps d'occupation fourni, partie par l'armée internationale, partie par des contingents spéciaux envoyés dans ce but par les autres nations.

En cas de guerre entre l'armée internationale et le pays

récalcitrant, le contingent fourni par celui-ci à l'armée fédérale serait consigné et neutralisé.

L'armée internationale, ou armée de la paix, aurait son siège dans un des plus petits pays entrés dans l'union. Chaque nation lui fournirait un contingent proportionné à sa population, et subviendrait de la même manière aux dépenses nécessitées par l'armement et l'entretien. Le contingent et l'argent devraient être fournis d'avance pour chaque année. Les hommes devraient être levés par la voie de l'*engagement volontaire*, et à défaut seulement d'engagements suffisants, par celle du recrutement.

La durée de leur service devrait être de cinq ans, avec faculté de se réengager pendant deux autres périodes ; ils devraient être rémunérés, de manière à ce que cette profession pût être recherchée. A l'expiration de leur temps de service, ils seraient renvoyés dans leur pays, mais y formeraient une réserve internationale ; en cas d'exécution fédérale, ils pourraient être appelés de même à venir grossir cette armée, ce qui permettrait d'en entretenir d'ordinaire une moins nombreuse.

Le général en chef de cette armée devrait appartenir à l'un des petits pays confédérés. Il devrait se soumettre pour toutes les mesures non militaires à prendre aux ordres de l'administration fédérale. Le général en chef serait nommé par chaque contingent.

L'administration internationale se composerait d'une partie sédentaire, siégeant au même lieu que le tribunal et que l'armée internationale, et d'émissaires qui seraient envoyés chez chaque nation pour surveiller le désarmement ou le non-armement, instruire les litiges sur place. Les membres se composeraient de délégués des diverses nations ; ils nommeraient leur président qui remplirait auprès du tribunal international le rôle de ministère public. Il aurait le titre de *président des États-Unis d'Europe*, ou de *président des États-Unis d'Amérique*.

En cas de besoin, chaque nation devrait prêter main forte à l'exécution fédérale, non-seulement par le contingent d'armée active ou de réserve internationale que nous venons d'énoncer, mais aussi en fournissant tous les hommes qui seraient momentanément nécessaires, proportionnellement entre elles : ce serait l'*armée territoriale internationale*.

Lorsque cette organisation internationale serait bien établie, chaque nation devrait désarmer. Ce désarmement serait, autant que possible, simultané, ou commencerait par celle qui a la plus forte armée sous les armes, en finissant par les petites nations.

Chacune conserverait le contingent nécessaire pour maintenir l'ordre chez elle ; ce contingent serait fixé chaque année par le tribunal international sur le rapport de l'administration internationale. Il se composerait des hommes qui auraient servi dans l'armée internationale et auraient été licenciés, et en cas d'insuffisance, d'engagés volontaires.

En cas d'infractions, le tribunal fédéral pourrait prononcer suivant les cas : 1° le *blâme* ; 2° l'*amende* ; 3° l'*occupation fédérale*. Celle-ci se ferait, pour ne pas dégarnir l'armée fédérale, par des contingents nouveaux des différentes nations.

Lorsque le désarmement serait accompli, le tribunal international déciderait quelle réduction pourraient subir les divers contingents ; il pourrait ensuite élever de nouveau ces contingents, suivant les besoins du service fédéral.

Le gouvernement international n'aurait jamais le droit de s'ingérer dans les affaires intérieures de chaque nation, il respecterait toutes les formes de gouvernement, n'interviendrait pas dans les guerres de sécession.

D'autre part, à tous les points de vue autres que celui de la guerre, les nations conserveraient leur pleine autonomie ; elles pourraient s'accorder ou se refuser des traités de commerce, etc., jusqu'à ce qu'il en naisse un conflit.

Elles pourraient aussi se consentir des cessions de territoire, mais ces cessions, pour être définitives, devraient être soumises à l'approbation du tribunal international, parce qu'il peut en résulter un danger pour d'autres nations.

Le tribunal international jugerait, comme de tous autres litiges, de tout conflit colonial s'élevant entre les nations confédérées. En dehors de ce cas de conflit, toute nation pourrait coloniser à son gré.

Cependant les peuples indigènes pourraient en appeler au tribunal international, quoi qu'ils ne fissent pas partie de la confédération, des exactions commises par la nation colonisante, et le tribunal international aurait le droit, au nom de l'humanité et dans l'intérêt de la paix, de défendre les moyens d'extermination ou de guerre injustement pratiqués, et de protéger les indigènes dont les réclamations seraient justes.

Il aurait le même droit s'il s'agissait de peuples de civilisation différente, sous la condition du désarmement de ces peuples et de leur entrée dans la ligue.

Si, au contraire, la guerre contre ces nations, ou celle contre les indigènes sauvages, était juste, la nation fédérée intéressée n'aurait pas le droit de la faire elle-même ; l'armée internationale la ferait pour elle au moyen de levées prises chez les autres nations. Chaque nation ne pourrait avoir dans ses colonies qu'un contingent colonial défensif.

La marine de guerre de chaque nation devrait cesser d'exister ; les colonies seules pourraient en entretenir une pour leur défense. Mais à l'armée internationale serait jointe une flotte suffisante pour protéger les opérations de la première et pour combattre les flottes militaires qui seraient armées au mépris du pacte fédéral.

Tel serait le système très simple d'organisation de la paix, que rien désormais ne pourrait troubler.

Sans doute, il y aurait encore une armée, l'armée internationale, dont le contingent se réduirait de plus en plus, mais qui resterait ; il est absolument impossible de faire

autrement, ou l'on n'aboutit à aucun résultat pratique.
Quant à la guerre, elle est radicalement supprimée, car
aucune nation n'osera la faire contre l'armée internationale et la réserve de toutes les autres nations à
l'appui. Quant à la paix, elle sera armée, mais non plus
chez chaque nation, si ce n'est par le contingent nécessaire
pour le maintien de l'ordre.

Il ne serait pas possible d'aller au delà sous peine de
bâtir un édifice sans solidité ; de même que dans une
architecture, si ajourée qu'elle soit et si hardie, vous ne
pouvez détruire tous les appuis, mais vous éliminez seulement tout ce qui n'est pas nécessaire, de même dans
cette construction sociale il faut un point d'appui.

C'est ce seul point que nous conservons. Nous
ajoutons que même, en dehors de l'intérêt de solidité,
nous ne voudrions pas nous en passer, et c'est là encore
une idée essentielle sur laquelle nous appelons l'attention.

Les exercices militaires, bien plus l'acte militaire lui-
même de défense et d'entreprise ne sont pas entièrement
inutiles ; par un singulier mélange, si nous en faisons
l'analyse psychologique, nous trouvons qu'ils renferment
étroitement confondus un élément de férocité et un élément de courage. Le premier est mauvais, le second est
bon, il faut les dissocier et conserver le second. Il faut en
détacher aussi les exercices corporels, très utiles, qui en
font partie, et maintenir l'école de force physique et
celle de discipline. Le citoyen, qui n'aura jamais développé
que ses facultés intellectuelles et morales, quand il en a, restera incomplet. D'autre part, il est difficile dans la vie
civile d'obtenir ces résultats par l'étude de la gymnastique.
Il faut des exercices répétés, et aussi l'habitude de la discipline, qui est une éducation morale. Tout cela ne peut
résulter que d'un service continu. Si tous ne peuvent y
prendre part sous peine de ressusciter après coup la
paix armée, il faut qu'un certain nombre de citoyens
acquièrent cette capacité, ce qu'ils feront à l'armée internationale ; il faut aussi que les autres, par une instruc-

tion du corps appropriée, acquièrent la force, l'adresse,
l'aptitude à la marche et aux autres exercices qui déve-
loppent les qualités physiques, leur permettent d'opérer
des sauvetages, et, à l'occasion, de protéger leur pays
contre les agressions venant de l'intérieur, puisqu'il
n'y en aura plus d'autres. L'armée internationale sera
surtout l'école centrale et suprême qui servira dans
ce but.

Ainsi se trouve détruite l'objection, objection sérieuse, de ceux qui prétendent que la guerre, que les
exercices militaires, au moins, sont une école de courage,
de discipline, de développement et d'exercice physiques.
Sans doute, tout cela est vrai. Mais à quoi sert de douer
des hommes de toutes ces vertus, si c'est pour détruire
ensuite ces hommes, une fois qu'ils les auront bien
acquises ! Puis, cette école subsistera complète pour ceux
qui feront partie de l'armée internationale, sinon complète, au moins très avancée, pour les autres achevant
leur instruction, non point par des exercices guerriers
proprement dits, mais par des exercices développant la
force et l'adresse, et leur donnant en même temps la discipline morale, exercices qui formeront désormais un
complément et une dépendance de l'école, et se feront
sans déplacement et sans frais. Quant à l'emploi de cet
apprentissage, il ne consistera plus à détruire la vie
d'autrui dans le meurtre systématique de la guerre, mais
à la conserver par des *actes de sauvetage*. Il n'y aura pas
à craindre cet amollissement de la paix, cette lâcheté
physique et involontaire qui domine souvent ceux qui
ne participent jamais au danger, ce *désarmement moral*
qui semble devoir suivre le matériel.

Pour être complet, nous devons dire que la suppression
de la guerre renferme une autre classe d'adversaires :
ceux qui pensent, avec M. de Maistre, que la guerre est
nécessaire, au même titre que la peste, pour affaiblir
l'excédent de population ; ces singuliers disciples de
Malthus lui apportent ainsi un procédé nouveau ; on

peut, d'ailleurs, difficilement concilier leur théorie avec celle de l'accroissement nécessaire de la population précisément pour pouvoir faire la guerre avec succès. Le *processus* serait le suivant : produire le plus grand nombre possible d'hommes pour vaincre l'étranger, en faire tuer un certain nombre dans cette guerre pour ramener la population à son étiage normal. Toute doctrine renferme une parcelle de vérité. Sans doute, il faut un moyen pour que l'excédant de population s'écoule, car les subsistances d'un pays, même avec le libre échange, deviendront insuffisantes indirectement, en ce sens que tous ne pourraient trouver à échanger leur travail contre de l'argent. Mais le moyen topique est bien connu : c'est la colonisation. Il s'agit de la faire intelligemment et fructueusement, comme quelques-uns de nos voisins.

Quant à ceux qui pensent tout simplement, et ce sont peut-être les plus nombreux, que la guerre subsistera toujours, parce qu'elle a toujours existé, il n'y a vraiment rien à répondre, parce qu'ils ne pourraient comprendre. S'ils ajoutent que la guerre a sa racine dans les passions de l'homme, dans sa haine, son antipathie, il faut leur concéder que cet argument peut avoir une certaine valeur, quand il s'agit de la guerre civile qui se base sur ces haines, mais non quand il s'agit de celle internationale, déclarée par les gouvernements, toute d'intérêt et de calcul.

Enfin, dit-on, depuis que les tendances antiguerrières et philanthropiques se sont fait jour, la défiance entre nations a redoublé : on n'avait jamais vu d'armements aussi formidables, et la paix armée est devenue si lourde qu'elle doit aboutir forcément à une guerre quelconque qui la décharge. Les théories sont donc brutalement démenties par les faits.

Cela est vrai, mais c'est dans l'excès même du mal que nous voyons le signe précurseur de sa fin. En pathologie l'état anesthésique d'un organe est toujours précédé d'un état hyperesthésique, d'une surexcitation extraordinaire :

c'est à la suite de cette excitation qui semble exalter sa force que l'organe périt. Il en est de même des maladies, une crise douloureuse précède quelquefois la guérison, de même qu'une crise de bien-être précède la mort. L'organe de la combativité est à l'état hyperesthésique ; son anesthésie est donc peut-être prochaine.

Deux autres objections, l'une au point de vue de l'évolution historique, l'autre au point de vue moral, ne manquent pas, au contraire, de gravité, et nous sommes loin d'en méconnaître l'importance. Il faut les discuter comme elles le méritent.

La première est celle-ci. La guerre, à côté de ses résultats funestes actuels et matériels, a eu souvent des effets moraux et sociaux pour l'avenir très utiles, et qui n'auraient jamais pu s'accomplir sans elle. Elle a été fréquemment un intermédiaire nécessaire de civilisation, une *porteuse d'idées*. C'est ainsi que les conquêtes d'Alexandre ont eu, au point de vue où se plaçait le conquérant, une valeur tout à fait éphémère ; les pays réunis se sont aussitôt dissociés après sa mort ; mais la civilisation grecque a envahi définitivement l'Orient, l'a imprégné, y a déposé ses germes. Non seulement il en est résulté, en Égypte, par exemple, la civilisation, dite alexandrine, mais partout, même dans l'Inde, le génie grec est demeuré comme une alluvion féconde. Il en est de même des conquêtes romaines ; ici seulement, par un phénomène inverse, souvent le vaincu a influé sur le vainqueur, mais le résultat est identique. Nul philosophe, nul sage, nul savant, si haut qu'il fût monté, n'aurait pu faire autant pour le triomphe même de la vérité et du droit que cette force brutale. Lorsque Charlemagne a réuni pendant sa vie seule tant de peuples différents dans son Empire, il a fait pénétrer par le fer et le feu plus sûrement que par la parole la vérité relative, la paix possible. Et de nos jours, les guerres victorieuses de la Révolution et de l'Empire ont propagé partout et d'une manière plus durable, après les ordres impériaux, les idées françaises, et semé les germes de révolte que Napoléon enlevait à la France, mais en les jetant à l'étranger. Partout la force a non pas primé le droit, suivant la boutade inexacte d'un homme d'Etat, mais ce qui est vrai, engendré le droit, ou tout au moins transmis le droit. Eh bien ! faut-il abolir cet agent de transmission si utile, quelque coûteux et quelque cruel qu'il soit ? Puisque rien ne le remplace, conservons-le. Quoique cela semble un paradoxe, c'est la guerre qui soude entre elles les différentes nations par une sanglante soudure ; c'est elle qui les met en contact malgré elles, qui jette un pont sur l'abîme international. L'avenir, le présent ne peuvent que reproduire le passé. A ce point de vue encore, la guerre est une loi naturelle.

L'argument irait trop loin, car au point de vue historique, il est exact même pour la guerre civile. Ce n'est jamais par la prédication des sages par l'exhortation des humanitaires et des pacifiques, que la justice s'est introduite dans les gouvernements et les masses. Les voix des timides ne sont pas faites pour être entendues, pas plus qu'au théâtre les gestes trop modérés pour être vus. Dans le monde social, c'est la violence qui introduit. Et qu'on ne se méprenne pas sur le sens de nos paroles ; nous sommes loin d'approuver un pareil fait ; au contraire, toute violence nous répugne, et nous estimons que c'est le crime social par excellence ; mais nous devons constater, avec l'indifférence de la science, les phénomènes. Il faut, pour faire triompher une vérité, soit le sang de celui qui l'entend, soit le sang de celui qui la proclame. L'histoire le démontre : ou le massacre, ou le martyre, jamais la persuasion n'ont influé sur la masse sociale ; le Christianisme, le Protestantisme, la Révolution ont été tour à tour violemment persécutés et persécuteurs, et chacun de ces mouvements inverses les a fait chacun avancer d'un pas. Ceux qui veulent conserver l'effet social de la guerre étrangère devraient vouloir logiquement conserver aussi celui de la guerre civile, et cependant ils s'y refusent.

D'ailleurs, la réfutation de cette doctrine est facile, il suffit d'élargir l'horizon de la discussion. Lorsque le droit est
encore à une époque d'évolution faible, il ne peut réussir à
rien si la puissance ne l'accompagne ; mais à mesure que
l'évolution humaine arrive à un stade supérieur, le droit
possède plus de puissance, et la procédure pour le faire valoir
peut devenir de plus en plus pacifique. Dans l'ordre d'idées
de la paix intérieure, il est certain que, tant que le suffrage
universel n'existait pas, non seulement la minorité, mais
la plus forte majorité elle-même ne pouvait faire reconnaître son droit que par la violence ; notre suffrage actuel,
quelque imparfaitement universel qu'il soit, a transformé
cet état de choses ; s'il était plus universel, si la minorité
elle-même, si tout un sexe exclu, étaient réprésentés,
toute cause logique de violence serait de plus en plus,
exclue. Si, en outre, les majorités étaient respectueuses
des droits irréductibles de l'individu, le droit seul, sans
aucune adjonction de force, pourrait triompher : ce serait
le *règne de la raison*.

Le même résultat se produirait entre nations. Leur
pénétration réciproque que la guerre a procurée jusqu'à
présent deviendrait dans la paix le résultat du commerce.
des relations internationales. Pourquoi implanter par la
violence des lois meilleures? Les lois seraient déjà partout
les mêmes. Une meilleure forme de gouvernement? Les
diverses formes seraient déjà aplanies. Les idées religieuses, politiques, sociales? Elles seraient devenues tantôt
moyennes, tantôt communes. *Ce qui ne s'est fait, ne pouvait
et ne peut encore se faire que par la guerre, se fera par la paix.*

La seconde objection est plutôt morale, mais bien plus
de sentiment que de raison. Que deviendra alors le patriotisme? s'écrient les partisans de la guerre, et ils
ajoutent qu'il faut conserver celle-ci pour une vertu
qui en dérive. La guerre assainit l'air social, comme
la foudre et l'ozone qu'elle répand assainissent l'air res-
pirable. L'homme amolli se réveille, se retrouve, devient
meilleur quand il faut se battre, et le baptême du feu est

le seul qui survive effectivement. Les dissociés, les divisés
se réunissent, et si la perpétuelle oscillation entre la
guerre civile et la guerre étrangère est inéluctable, cette
dernière vaut mieux. Le patriotisme est la vertu sociale,
il ne faut pas le détruire ; or, la paix devenant perpétuelle,
il n'aurait plus de raison d'être.

Cette objection ne semble juste que si l'on se tient à
un point d'observation étroit ; pour combattre des erreurs
il vaut mieux souvent, au lieu d'argumenter, élargir
tout simplement le champ de la vision. Suivons ici l'évolution historique ; on peut en conclure que la morale,
avec les vertus qu'elle contient, n'est point fixe, mais
variable, qu'elle s'élève avec le temps. Dans le monde
physique, après avoir cru que les étoiles, et que l'une
d'elles, en particulier, le soleil, tournait autour de notre
globe, on a reconnu qu'au contraire ils étaient immobiles,
que notre terre accomplissait autour de lui une révolution,
toujours la même. Ce n'était point encore là la vérité
définitive. On découvrit enfin que notre globe oscillait
dans sa révolution, que sa rotation décrivait un cercle
autour de l'axe, bien plus que l'axe terrestre se déplaçait
lentement, enfin que le soleil, que les étoiles, n'étaient
pas non plus parfaitement immobiles, l'axe du monde se
déplaçant lui-même. Il en est ainsi de la morale ; chez le
peuple anthropophage c'est un progrès et une vertu
quand au lieu de manger l'ennemi, on le tue seulement,
un bien plus grand quand au lieu de le tuer, on le réduit
en esclavage. Au moyen âge, le magistrat ordonnant la
torture ne pensait pas faire un acte de cruauté, et agissait sans remords et pour le bien public, comme il le fait
aujourd'hui lorsqu'il condamne à la peine capitale ; il
obéissait à sa conscience. De même, le duelliste obéit au
point d'honneur.

Il en est de même en ce qui concerne le *patriotisme. Ce
n'est point une vertu définitive, mais seulement une vertu transitoire qui ne dure que pendant certaines périodes de l'évolution pour disparaître plus tard devant une vertu supé-

rieure : *l'amour de l'humanité.* Pendant longtemps cette bienveillance universelle aurait été un leurre, elle eût même pu être coupable. Lorsque la guerre règne sans merci, il importe d'abord de défendre les siens ; l'humanitarisme serait une vertu prématurée. Bientôt le patriotisme s'élève ; de provincial, il devient national. Il peut même s'étendre encore et embrasser les nations alliées. C'est une des deux faces de l'altruisme répondant au penchant de combativité, tandis que l'autre, à celui d'affection. Il engendre les actes de l'héroïsme, lequel a aussi une double face, celle du combat et celle du sauvetage. Tant que la guerre entre nations demeure, il faut que le patriotisme subsiste.

Mais la guerre internationale disparue, il n'a plus de sens, surtout lorsque les sécessions naturelles se seront opérées à l'intérieur, de manière à ne plus artificiellement superposer une race à une autre. *Il disparaîtra, mais qu'importe ! puisqu'il sera devenu inutile.* Le conserver au delà et quand même, ce serait préférer les feux de la nuit à la lumière du jour. A sa place apparaîtra l'*humanitarisme* qui englobera tous les hommes, lorsque cela sera devenu possible sans utopie et sans duperie, dans une affection raisonnée. Il n'y aura plus besoin, pour aimer les uns, de haïr les autres. Sans doute la communauté de race, la vicinité, conserveront de l'influence, et il y aura des degrés d'affection, mais il n'y aura plus d'exclusion et par conséquent plus de patriotisme proprement dit, mais qu'importe encore une fois, puisqu'il n'en sera plus besoin. *L'amour de l'humanité, le secours entre les hommes, est l'édifice futur et définitif ; le patriotisme n'en est que l'échafaudage.*

Nous ne pensons donc pas que toutes ces objections puissent prévaloir : quelques-unes sont spécieuses, parfois même brillantes, mais elles s'effacent devant la lumière nette de la raison.

Donc la paix durable, perpétuelle, peut régner et elle le doit ; elle n'est pas utopique. Bien plus, la convention internationale qui lui servira de base peut, dans les conditions indiquées par nous, intervenir instantanément ; aucune préparation n'est nécessaire, puisqu'il n'y a pas de désarmement préalable.

L'organisation de l'armée internationale serait plus longue, elle ne se compléterait qu'au bout de plusieurs années, mais pourrait avoir de suite une solidité sérieuse, puisqu'on pourrait y envoyer des troupes déjà exercées. Bientôt après son organisation, celle du tribunal international suivrait, puis celle du gouvernement international.

Dès ce moment et même avant le désarmement, il est bien probable qu'il n'interviendrait plus aucune guerre, l'armée internationale étant plus nombreuse et plus forte que chacune des armées nationales.

Il faudrait que cette organisation fût en pleine vigueur et eût inspiré la confiance pour qu'on procédât au désarmement national ; mais on le ferait alors en toute sûreté. Les délégués internationaux envoyés dans divers pays veilleraient à ce qu'il s'effectuât sincèrement, et il aurait lieu ainsi partout simultanément.

En quelques années la paix perpétuelle pourrait être assurée en Amérique, en Europe. Ce fait s'accomplirait mécaniquement, presque automatiquement. Il ouvrirait le vingtième siècle.

Nous avons établi comment l'abolition de la guerre et de la paix armée serait possible, pratique et même facile, si les diverses nations qui y sont si vivement intéressées la voulaient, et combien elles doivent la vouloir. Mais une convention internationale est évidemment nécessaire; la paix ne peut s'établir contre la volonté des peuples, ou ce qui revient actuellement au même, de leurs gouvernements. Or, ici se présente un obstacle sérieux. Comment une nation voudra-t-elle prendre l'initiative de proposer l'institution de l'armée et du tribunal internationaux et du désarmement ? Comment pourra-t-on déterminer tous les autres peuples à l'accepter ? Il est certain que dans l'état actuel un tel accord ne se produirait pas.

Le maintien de la guerre possible est, en effet, favorisé par deux éléments puissants. Tout d'abord sa suppression dépend des gouvernements. Or, ceux-ci sont plus ou moins intéressés à son maintien ; ils le sont d'autant plus que leur forme est plus aristocratique ou plus monarchique. Les monarchies ont leur origine dans l'état militaire,

Le premier qui fut roi fut un heureux soldat

a dit un vers célèbre ; elles y conservent leur raison d'être ; de plus, pour elles, la guerre est un dérivatif aux querelles et aux révoltes intérieures ; par son prestige, les gouvernements entraînent de leur côté les masses ; c'est toujours pendant la paix que les libertés grandissent. Au contraire, la forme républicaine a par définition des tendances pacifiques ; tout au moins, elle ne recherche pas les guerres continentales, elle se contente des coloniales. Mais les monarchies règnent encore dans la plupart des nations de l'Europe.

Ce ne sont pas les gouvernements seuls, quoique plus directement intéressés, ce sont les peuples eux-mêmes qui tiennent à la guerre par le sentiment de la revanche. C'est ainsi qu'en France, la revendication désirée de l'Alsace-Lorraine entretient chez les classes populaires, non le vouloir, mais la velléité d'une guerre de frontières. Il y a là un point d'honneur populaire et national. Or, l'abolition de la guerre ne peut se baser que sur le *statu quo* des frontières géographiques. Un peuple fier peut difficilement supporter une défaite définitive, même partielle.

Enfin toute une classe de citoyens est intéressée au maintien de la paix armée, puisqu'elle en vit. Autrefois c'était la classe aristocratique qui ne connaissait pas d'autre profession. Aujourd'hui c'est l'armée. Il est vrai que ce sentiment s'est beaucoup atténué depuis que l'armée n'est plus un corps professionnel proprement dit, mais se compose de l'universalité des citoyens d'un certain âge. D'ailleurs, les avantages pécuniaires de cette carrière sont si peu considérables que beaucoup de militaires en embrasseraient volontiers une autre.

D'autre côté, l'amour-propre national permet difficilement qu'un gouvernement prenne l'initiative de la proposition vis-à-vis des autres; car c'est reconnaître implicitement l'éternité d'un *statu quo* désavantageux ou humiliant. Il ne peut le faire sans se diminuer devant ses nationaux mêmes, à moins qu'il n'obéisse à leur poussée.

Tels sont les obstacles sérieux qui s'opposent à la conclusion de la convention internationale nécessaire qui serait pourtant si facile à établir, comme nous l'avons démontré. Comment pourrait-on lever les obstacles? Commençons par les moindres.

Celui qui tient à la profession militaire est certainement le plus faible, cette profession étant déjà devenue moins avantageuse. D'ailleurs, l'armée ne serait pas détruite, au moins pendant un temps très long, mais seulement transposée: l'armée internationale succéderait aux armées nationales; on y transporterait les cadres existants. Les officiers et sous-officiers actuels ou bien se retireraient avec des avantages supérieurs dans l'armée internationale, ou seraient placés dans les réserves nationales; pas un ne verrait sa position détruite ou diminuée ; on n'atteindrait aucun des droits acquis, aucune des expectatives légitimes. Quant aux simples soldats, il n'en est pas un seul qui ne fût heureux d'être exonéré du service militaire. C'est aujourd'hui une lourde obligation imposée qu'on ne remplit avec aucun enthousiasme. Il ne faut pas se payer de mots. Même sur le champ de bataille le courage consiste le plus souvent à braver le coup de feu étranger qui frappe devant, poussé que l'on est par le coup de feu national qui frapperait derrière ; il n'y a que le choix entre deux maux, entre deux dangers ; un peu d'amour-propre fait pencher la balance, le patriotisme n'est même pas pour cela nécessaire, le chauvinisme encore moins. L'espoir d'un rapide avancement par des actes de courage donnait seul aux classes populaires l'amour du métier militaire: mais ce résultat est devenu moralement impossible ; la guerre est devenue de par les progrès de la science une chose surtout scientifique, où comme dans l'industrie la machine remplace l'homme qui n'a plus pour fonction que d'être tué mécaniquement ; ainsi les vastes espoirs disparaissent, et avec eux un militarisme qui n'était qu'une ambition à la portée de tous.

Il n'y aurait pas même de moyen spécial à appliquer à cet obstacle du militarisme, tellement nous le croyons atténué. Il suffirait de faire comprendre aux intéressés par la voix de la presse et du livre, par des réunions et des discours, qu'ils n'ont aucun avantage au maintien de la paix armée ; on serait vite compris.

L'amour-propre national lui-même, ou plus exactement celui des gouvernements vis-à-vis des gouvernements étrangers ne pourrait tenir longtemps : ce n'est qu'un faux amour-propre, et du jour où un gouvernement agirait poussé par la volonté de la nation entière, où il ne serait plus qu'un intermédiaire pour la proposition de paix, il la ferait, sans hésiter.

Mais il reste deux obstacles très sérieux : l'inertie des peuples, la mauvaise volonté des gouvernements. Par lequel faudra-t-il commencer ?

Les peuples ignorent la possibilité de mettre fin à la guerre, ils conservent les restes d'un patriotisme réel, mais ils ne sont pas intéressés à son maintien. Il n'y aura de ce côté que des erreurs à dissiper. Au contraire, les gouvernements savent bien que la paix perpétuelle est possible, et leur patriotisme n'est que dynastique, mais ils sont pour la plupart vivement intéressés au maintien de la guerre. Le premier de ces obstacles est donc moindre, c'est par lui qu'il faut commencer. Ce n'est que par la poussée de l'opinion publique et de la volonté populaire nettement exprimée que les gouvernements se décideront.

Or, comment amener les masses populaires, non plus à désirer vaguement, mais à vouloir expressément la suppression de la guerre, assez pour imposer leur volonté ?

Nous croyons qu'il faut avoir recours au grand levier moderne qui a rendu possible de si merveilleux résultats dans le commerce et l'industrie, à l'*association*. Ce qu'elle a fait dans le monde matériel, elle peut le produire dans le monde moral ; dans le premier, elle a été souvent plus puissante que la nationalité elle-même, cette association naturelle ; dans le second elle peut aussi prévaloir sur la nationalité. C'est la seule force de même nature qu'on puisse d'ailleurs lui opposer : *société contre société*. Ces *sociétés nationales* appelées *nations* sont constituées sous le régime de la guerre et y sont entièrement adaptées ; la *société internationale de la paix* serait constituée sous un régime contraire, elle répondrait aux autres et finirait par les absorber.

Il s'agit donc essentiellement de constituer une vaste société internationale, unique chez toutes les nations, volontaire, organique, dont la volonté puissante finirait par s'imposer aux volontés particularistes, et qui aurait, d'ailleurs, pour mission, par une vaste propagande pacifique, de décider tous les peuples au vouloir de la paix. Elle se recruterait dans toutes les classes, sans aucune distinction entre les divers partis politiques, religieux ou sociaux, n'en repoussant aucun, n'en favorisant aucun ; elle aurait des adhérents dans toutes les classes. Elle se diviserait en groupes provinciaux, en groupes communaux, aurait ses ramifications partout. mais sa tête serait internationale.

Cette société internationale de la paix agirait d'abord au moyen de la presse ; elle aurait un certain nombre de journaux à elle propres, dans lesquels on s'efforcerait de décrire tous les maux que la guerre a causés dans le passé et cause encore actuellement, l'inanité des avantages ou de l'honneur qui paraissent en résulter, l'asservissement indirecte des classes populaires par ce moyen, les ridicules et les dangers du chauvinisme, et aurait la hardiesse de proclamer contre les préjugés actuels. que sans doute le patriotisme est une vertu, utile dans un certain état social donné, mais que ce n'est qu'une vertu transitoire, inférieure à celle de l'humanitarisme. Enfin il faudrait, ce qui essentiel, y démontrer que la suppression de la guerre n'est point chose utopique, mais bien facile en pratique, et sans danger, au moyen de la formation préalable d'une armée internationale, dès que les gouvernements le voudraient. Tel serait le moyen de presse directe; il faudrait y joindre la presse indirecte, c'est-à-dire l'emploi des autres journaux pour répandre ces idées ; cette action plus discrète serait peut-être même plus puissante ; les frais en seraient supportés au moyen des ressources de la société.

Après les publications de la presse quotidienne, auquel il faudrait joindre le livre de vulgarisation populaire, viendraient les conférences, les congrès, les réunions publiques, même celles sous forme de meetings, chez les nations qui admettent ce genre de réunion.

D'autre part, les membres de la Société auraient des réunions internationales où seraient développés les moyens d'action pacifique, et où les haines internationales s'éteindraient par ce rapprochement.

Lorsque l'opinion publique serait préparée par ces moyens, la Société non seulement ferait présenter des pétitions aux divers Parlements, ce qui généralement ne produit pas un très grand résultat, mais emploierait d'autres moyens très pratiques, plus décisifs.

Le premier serait de provoquer dans les pays où les lois ne s'y opposeraient pas un vote plébiscitaire de tous les citoyens sur la question de la suppression de la guerre ou de son maintien. Le vote ne devrait pas porter seulement sur ce but, car alors il resterait purement platonique, mais sur les moyens essentiels d'y parvenir. Par exemple, on demanderait que le Gouvernement prît envers les autres nations l'initiative de demander l'établissement de l'armée internationale.

Le second serait d'envoyer aux divers parlements des députés, dits de la paix, c'est-à-dire qui inscriraient la paix sur leur programme électoral. Ils en auraient le mandat spécial. Le rempliraient-ils ? Chacun sait que les députés ne sont guère fidèles à leur profession de foi, soit qu'ils aient promis des choses impossibles, ou qu'ils jugeaient mauvaises, ou contraires à leurs intérêts, soit qu'ils ne voulaient pas réellement ce qu'ils avaient promis. Ici il en serait autrement ; aucune personne n'a, en particulier, intérêt au maintien de la guerre. Ces députés de la paix proposeraient au Parlement, d'abord sans succès, que le gouvernement prît l'initiative d'un traité international ; puis leur nombre augmentant, le mouvement populaire croissant d'ailleurs au dehors, leur pression deviendrait de plus en plus forte, et les gouvernements céderaient. Cette action aurait maintenant un résultat certain, le gouvernement parlementaire existant presque partout. Bien plus les députés de la paix d'un pays pourraient se réunir en Congrès avec ceux d'un autre ; leur qualité officielle donnerait une bien plus grande importance aux congrès de cette sorte que nous appellerons Congrès parlementaires.

Tels seraient les agissements de la Société de la paix ; ils parviendraient, après avoir gagné l'opinion publique, puis le Parlement, à contraindre les gouvernements, malgré les intérêts contraires de ceux-ci, à vouloir la paix et à la proposer réciproquement de nation à nation, ou tout au moins à consentir à la constitution de l'année internationale.

Si cependant quelqu'une des nations européennes, où le gouvernement représentatif n'est qu'embryonnaire, résistait, la fédération internationale ne pourrait pas moins s'établir sans elle. Si même cette nation tentait de déclarer la guerre, elle aurait contre elle toutes les autres coalisées.

Mais ce qui est essentiel, c'est la constitution de cette société. Sans elle nous croyons qu'il n'est pas possible d'aboutir. Les efforts individuels pulvérisés ne peuvent attaquer le bloc compact ; seule une société peut triompher des Sociétés.

TITRE DEUXIÈME

De la suppression de la guerre civile.

Nous avons traité séparément de la suppression de la guerre étrangère, comme étant le point culminant, celui sur lequel on discute et on crie chaque jour à l'utopie : c'est la *guerre classique*, réglementée, admise par tous et partout et où l'aspect glorieux dissimule celui véritable de cruauté et d'injustice.

Mais si l'on se reporte à la classification que nous avons faite en tête de la présente étude, on voit que la guerre est de trois sortes : 1ʳ celle entre nations, la guerre étrangère ; 2° celle entre citoyens du même état pris par groupes, la guerre civile ; 3° celle entre individus, le duel. La définition essentielle des trois est la même : *décision, preuve du droit par la force*.

Il nous faut donc traiter, pour être complet 1° de la guerre civile, 2° du duel. Du second, du duel, nous ne parlerons que pour ordre, le sujet étant trop étendu et méritant une monographie spéciale.

Il semble que la guerre étrangère supprimée, tout soit fait ; c'est, en effet, le gros de l'œuvre ; c'est elle qu'on défend, dont on soutient la nécessité, dont on proclame la grandeur. La guerre civile, au contraire, est honnie de tous ; chacun s'applique à l'éloigner, à la rendre impossible, et il n'y a pas à soutenir dans les esprits la même lutte contre elle que contre la guerre étrangère. Par ailleurs, tandis que celle-ci est encore fréquente, la guerre civile devient heureusement de plus en plus rare. Guerres de religion ? Il n'y a plus de religion exclusive, ni de sectaires. Guerres politiques? Le suffrage universel les remplace. Guerre de sécessions? Il n'y a plus de vie provinciale.

Cependant, en réalité, *la guerre civile est plus difficile à déraciner que la guerre étrangère*; peut-être même la suppression de celle-ci donnera-t-elle un nouveau regain à la guerre civile, car les caractères guerroyants refoulés d'un côté se reporteront de l'autre. Ce qui fait la faiblesse de la guerre étrangère, c'est qu'elle dépérira faute d'aliment intellectuel, de chauvinisme, de patriotisme, d'antipathies nationales ; au contraire, les haines intérieures qui rendent la guerre civile possible sont loin d'être éteintes; cette guerre n'est pas imposée ; *elle est impie, mais naturelle.*

La guerre civile est de trois sortes : 1° guerre de *sécession*, soit d'une province, soit d'une colonie; 2° guerre *politique*: 3° guerre *religieuse* ou *sociale*. Il faut les examiner chacune séparément et trouver leurs remèdes.

La guerre de sécession ne peut, à la différence des autres intérieures, être empêchée par le suffrage universel. Celui-ci ne s'y applique pas. En effet, nous l'avons vu, la majorité ne doit se compter que sur ceux qui forment un groupe naturel; or, précisément dans le cas de sécession, la province qui la réclame prétend ne pas former un groupe naturel avec le reste de la nation. Il n'y a donc plus de procédure pacifique. Comment la remplacer, autrement que par la guerre?

La réponse paraît impossible.

Cependant elle est très simple.

Souvent la province a raison dans ses prétentions sécessionnistes. Un peuple se trouve sous la domination d'un autre, la Bohème, par exemple, sous celle de l'Autriche, ou, les Slaves sous celle de la Hongrie, quoique la race soit différente. C'est le *droit des nationalités* qui doit prévaloir. Quelquefois, au contraire, elle a tort, la race qui est invoquée est une simple variété de l'autre, pas assez distante pour lui conférer un droit naturel d'autonomie.

Mais dans les deux cas, qui peut en juger ? Il n'y a aucun juge supérieur.

Puis, même quand il n'y aurait pas de différences de race, la nation n'est, en réalité, que le conglomérat de diverses provinces, lesquelles n'y sont réunies que de leur consentement. Rien ne peut les empêcher de le retirer et de faire reconnaitre leur indépendance. Seulement elles seront tenues, en vertu du droit international nouveau, à ne pas s'annexer à une autre nation.

Mais le droit de sécession est un droit naturel qu'on ne doit pas réprimer, du moment où la majorité dans la province l'aura votée.

Cette sécession sera plus facile, lorsqu'il n'y aura plus d'armée nationale permanente. Il suffira à chaque province de manifester sa volonté.

Il en sera de même de la colonie vis-à-vis de la métropole ; seulement la colonie devra la rembourser de tous ses frais de formation.

Mais que va-t-il survenir si le pays ne veut pas suivre ces règles, et veut empêcher la province de se détacher ? La guerre civile de sécession n'est-elle pas inévitable ?

La nation n'aura pas le droit de lever de troupes dans ce but, et ne pourra y employer celles qui lui sont laissées pour assurer la sécurité publique.

Si elle le fait, l'armée internationale pourra intervenir pour empêcher les deux fractions du pays de se faire la guerre. C'est dire que la sécession votée s'accomplira sans coup férir.

La guerre politique semble impossible, elle a pour but un changement de forme du gouvernement. Or, dans un pays de suffrage universel, celui-ci décide, le bulletin de vote a remplacé le coup de fusil.

Ce n'est cependant quelquefois qu'une apparence. D'abord, pour accorder cet effet au suffrage universel, il faudrait qu'il fût *vraiment universel* ; or les minorités ne sont pas représentées et elles peuvent s'élever à la moitié, moins un, des citoyens votants ; puis les femmes ne sont pas électeurs, ce qui peut écarter en réalité les trois quarts des citoyens. D'autre part, il y a certains droits contre lesquels le suffrage universel qui est le droit de la collectivité n'a aucune prise ; ce sont les droits, les libertés individuelles. Si une assemblée vote contre la liberté de conscience, contre celle de manifestation libre de la pensée, ce vote peut n'être pas moralement obligatoire, la force brutale peut l'exécuter, mais injustement. Eh bien ! si l'un de ces droits est violé, le recours aux armes peut avoir lieu.

Ici l'armée internationale ne peut intervenir, ce serait s'immiscer dans les affaires de chaque nation. La sagesse croissante des partis fera beaucoup pour éloigner le conflit, mais on ne peut ici en thèse supprimer la guerre civile. Si le suffrage devenait vraiment universel, la première de ces causes disparaîtrait. Si dans chaque pays, le minimum des droits individuels, irréductible par le droit social, était bien défini, sanctionné, et si la protection en était confié à un pouvoir judiciaire indépendant, la seconde cause disparaîtrait à son tour. On peut ainsi apporter un remède indirect.

La *guerre religieuse*, beaucoup plus terrible que la précédente, n'existe plus, l'indifférence l'a rendue plus qu'improbable ; mais une autre, aussi formidable, lui a succédé : la *guerre sociale*. C'est celle de classe contre classe, de pauvre contre riche, de collectivistes contre individualistes. Le suffrage universel ne peut y faire obstacle, car elle se considère comme au dessus de lui ; de même que pour les républicains le principe républicain ne peut dépendre du vote, de même pour les socialistes le principe de la transformation sociale est nécessaire et non volontaire. L'adoucissement des mœurs rendrait peutêtre possible une solution pacifique, mais aucun procédé ne peut, en thèse, empêcher la guerre civile d'éclater de ce côté. C'est là le point redoutable : et peutêtre la guerre civile est-elle appelée à succéder à la guerre étrangère. Ici il n'y a pas de juge commun reconnu par les deux partis, il n'y a pas d'armée commune fournie par les deux. Il ne reste plus que la force, *c'est le dernier refuge logique de la guerre.*

Pourtant la sécession pourrait vider le conflit. Les provinces d'opinions sociales différentes pourraient former des Etats distincts, suivant chacune son principe préféré. Nous touchons ici au point sauvage, à la lutte pour la vie dans son état aigu, à la nature primitive où tous les efforts de la civilisation chancellent. Il peut y avoir là une lutte future suprême que nous ne pouvons empêcher.

TITRE TROISIÈME

De la suppression de la guerre individuelle ou du duel.

Le duel est aussi injuste, aussi stupide que la guerre étrangère ; c'est entre deux la décision du droit par la force, avec cette circonstance aggravante que presque toujours l'un des deux hommes est plus fort ou plus adroit que l'autre, et est à peu près sûr, si le duel est à mort, de tuer son adversaire qu'il a provoqué et qui très souvent avait raison ; car c'est presque toujours celui qui a eu tort primitivement qui amène par sa conduite l'autre à se battre ; il avait été violent ayant confiance dans sa force, et il sera violent et heureux au dernier moment en vertu de cette force ou de son adresse bien exercées.

Le duel dérive du duel judiciaire ancien dont il est l'affaiblissement.

Il est remplacé dans la plupart des cas par la décision des tribunaux ; on ne l'applique plus aux litiges d'argent, mais ce qui touche à l'honneur ou à la personne lui est encore souvent soumis.

Il est très vivace parmi les personnes de certaines professions, surtout les militaires, les députés, les journalistes : peu fréquent de nos jours entre autres personnes.

Il doit être entièrement supprimé, aussi bien que la guerre étrangère, aussi bien que la guerre civile, dont il est le troisième terme. Mais par quel moyen ?

La solution de la question est complexe. Les peines les plus sévères prononcées à certaines époques n'ont fait

que le rendre plus fréquent. C'est que, quoique injuste,
il a sa raison d'être, et ne saurait être supprimé sans être
remplacé. Il se loge dans une lacune de nos législations,
qu'il faut remplir en l'en chassant. Le droit social fait
défaut dans certaines matières, ou le secours qu'il apporte
est dérisoire, il a bien fallu recourir au droit naturel et
barbare, mais du jour où le droit social serait entièrement
en vigueur et suffirait dans les matières délicates où le duel
s'applique, celui-ci disparaîtrait de lui-même et sans contrainte.

C'est ce que nous établirons dans une étude spéciale.

Le duel aboli à son tour, toute violence employée pour
servir de preuve du droit, soit entre les nations, soit entre
les groupes, soit entre les individus, sera effacée de la vie
de l'homme, et bientôt après, de son souvenir. On s'éton-
nera, en lisant l'histoire, que des faits aussi monstueux,
aussi déraisonnables, aient pu jamais exister. La guerre
fera sur l'esprit de nos enfants la même impression que
la description des tortures d'autrefois sur le nôtre.

Faudra-t-il aller plus loin, et après avoir, par les dispositions de la loi pénale, empêché ou réprimé les violences contre le droit, après avoir aboli les violences em-
ployées comme preuve du droit dans la guerre internationale, la guerre civile et le duel, abolir aussi la violence
directe et corporelle employée comme sanction du droit,
soit comme sanction privée, dans la *vendetta*, soit comme
sanction publique, surtout lorsqu'il s'agit de la violence
suprême, de la peine de mort. Ce sont d'autres questions
beaucoup plus larges que celle-ci, beaucoup plus fonda-
mentales, mais beaucoup moins mûres pour une solution.
Nous les examinerons dans une autre étude; mais nous
pensons qu'il ne faut pas les solidariser avec celle que
nous avons tâché de résoudre; cette solidarisation, au
point de vue pratique, retarderait les progrès; même au
point de vue théorique, une partie des raisons de décider
sont différentes. La guerre doit être abolie, par des raisons
à elle propres, quelque parti qu'on prenne sur le prin-

cipe absolu de l'inviolabilité de la vie humaine. Si cette vie peut être légitimement sacrifiée, ce ne doit pas être par la guerre ; si elle ne peut jamais l'être, il n'y aura là pour cette question spéciale qu'un argument de plus.

Nous croyons utile de terminer cette étude par un projet de convention internationale, et un projet préalable de société internationale de la paix.

APPENDICE

I

Projet de convention internationale pour la suppression de la guerre et de la paix armée.

Les puissances européennes ci-après sont convenues de ce qui suit :

Elles se constituent en fédération sous le nom d'Etats-Unis d'Europe, dans le but d'assurer entre elles la paix perpétuelle non armée de la manière suivante :

TITRE Ier

PÉRIODE PRÉPARATOIRE OU D'ORGANISATION DE L'ARMÉE INTERNATIONALE

1. — Aussitôt après que le présent traité sera devenu définitif, il sera créé une armée internationale, laquelle aura pour fonctions d'assurer par son existence la paix perpétuelle entre toutes les nations contractantes.

2. — Cette armée internationale sera formée au moyen de contingents fournis par les différentes nations confédérées proportionnellement au chiffre de leurs populations.

3. — Le total de ces contingents devra être suffisant pour dominer les forces des troupes de deux des nations es plus considérables confédérées, constituant leur armée active.

4. — L'armée internationale sera entretenue aux frais de toutes les nations contractantes proportionnellement au chiffre de leur contingent.

5. — Elle aura son siège en l'un des plus petits États de la confédération, et sera commandée par un chef, pris parmi les nationaux de l'un de ces petits États.

6. — Le service dans l'armée internationale sera volontaire ; à défaut d'un nombre de volontaires suffisant, le surplus du contingent sera fourni dans chaque pays au moyen du recrutement dans les formes et avec les règles ordinaires.

7. — Ce service durera cinq ans. A son expiration, les hommes libérés seront renvoyés dans leurs foyers, mais resteront, à titre de réserve, à la disposition de l'armée internationale pendant cinq autres années.

8. — Cette armée pourra être répartie sur les territoires de différents petits États, mais alors de manière à ce que ces corps séparés puissent se rejoindre facilement.

9. — A l'armée internationale est annexée une flotte de guerre internationale dont le contingent sera fourni de la même manière, par les nations possédant une marine.

10. — L'équipement, les munitions, les travaux de défense nécessaires seront faits aux frais des nations confédérées.

11. — Aussitôt que cette armée aura été organisée et sera entrée en période de plein exercice, un tribunal international sera constitué, lequel aura les attributions ci-après déterminées. Il se composera d'un certain nombre de délégués choisis par les pouvoirs législatifs de chaque nation, conformément aux constitutions particulières de chacune d'elles. Il siégera en permanence sur le territoire où sera réunie l'armée internationale. A partir du jour de sa constitution, tous les différends entre nations devront lui être soumis. Aucune nation fédérée n'aura le droit de déclarer la guerre à d'autres nations fé-

dérées ; elle ne pourra la déclarer à des nations non fédérées qu'avec le consentement de ce tribunal.

12. — A partir du même moment, il sera formé un
gouvernement international composé de délégués de
chaque nation, lequel nommera son président parmi les
délégués des pays fédérés les moins étendus, et aura pour
mission de surveiller l'exécution de la paix.

13. — Si une nation confédérée refuse de soumettre
le différend survenu au tribunal international, celui-ci
ordonne son occupation par l'armée internationale ; il en
est de même si une nation refuse d'accepter la décision
rendue.

14. — Si le tribunal international estime que l'armée
internationale est insuffisante, il ordonne que les nations
confédérées fourniront pour combattre la rébellion un
supplément de troupes pris parmi leurs réserves actuelles, après avoir fait d'abord appel à la réserve de
l'armée internationale.

15. — Dans le cas de rébellion, le contingent fourni à
l'armée internationale par le pays rebelle est neutralisé et
bloqué au lieu où il se trouve.

16. — Les gouvernements des pays confédérés devront s'efforcer, pendant cette période, d'introduire :
1° l'unification, autant que possible, des législations
de ces divers pays ; 2° l'union monétaire ; celle de métallisme ; celle des poids et mesures ; 3° l'équivalence des
grades universitaires ; 4° des sociétés d'instruction, de
prévoyance communes ; 5° le libre échange, ou un état
voisin du libre échange ; 6° l'unification des règlements
relatifs à la négociation et à la perte des titres au porteur,
aux oppositions dans ce cas ; 7° l'enseignement dans les
collèges et les écoles d'une langue internationale.

17. — A mesure que l'armée internationale sera d'une
organisation plus intégrée, les nations confédérées devront
peu à peu diminuer leurs contingents. Cette diminution

commencera immédiatement en ce sens que le contingent détaché pour l'armée internationale ne sera pas remplacé dans l'armée nationale. En outre, au bout de deux ans, l'armée nationale, de chaque pays, dans sa partie active sera diminuée d'un cinquième, deux ans après, d'un autre cinquième, deux ans plus tard, d'un troisième cinquième.

18. — Le gouvernement international surveillera ces désarmements successifs au moyen d'émissaires qui auront le droit de visite chez chaque nation.

19. — Au bout de dix ans, le désarmement général à l'intérieur de chaque nation sera ordonné et on entrera dans la période suivante.

TITRE 2ᵉ.

Période transitoire ou de désarmement.

20. — Dix ans après l'entrée en vigueur de la présente convention, il sera procédé au désarmement de toutes les nations contractantes. Ce désarmement sera ordonné par un décret du Gouvernement international.

21. — Il ne portera que sur les deux cinquièmes des armées actives, les trois autres ayant déjà été désarmés dans la période préparatoire. Il portera aussi sur l'effectif des réserves, et d'autre côté, sur les munitions. engins. et matériel d'artillerie.

22. — Les forteresses limitrophes seront mises hors d'usage : il ne pourra en être conservé qu'à l'intérieur du pays pour sa défense intérieure, dans les limites assignées par le tribunal international.

23. — Le désarmement aura lieu sous la surveillance d'un commissaire international faisant partie d'une autre nation. Il devra s'effectuer dans les six mois.

24. — Le désarmement des navires de guerre se fera de la même façon.

25. — Chaque nation pourra conserver sur pied un effectif, tant d'armée de terre que d'armée de mer, dans le but de maintenir l'ordre intérieur, dont l'impotance sera fixée pour chacune par le tribunal international.

26. — Ce tribunal fixera aussi la quantité d'armes et de munitions de toutes sortes qui pourront rester dans les arsenaux.

27. — Chaque nation pourra, outre l'armée active et la gendarmerie, entretenir une milice intérieure composée de tous les hommes ayant servi dans l'armée active du contingent qu'elle a conservé le droit de maintenir, ou dans l'armée internationale. Cette milice ne sera pas soumise à des exercices périodiques. Elle ne pourra être appelée que lorsque l'ordre intérieur sera menacé, ou pour fournir un renfort à l'armée internationale. Dans tous les cas, une autorisation du tribunal international sera nécessaire, sauf en cas d'urgence. Les armes et munitions nécessaires le cas, échéant, pourront être conservés par chaque nation dans la mesure autorisée, leur dépôt devra être local et non centralisé.

TITRE 3ᵉ

Période définitive ou de gouvernement international

28. — Nulle nation n'aura le droit de s'ingérer dans le gouvernement intérieur d'une autre ; il en en sera de même du tribunal international.

29. — En cas de guerre intérieure de sécession, le tribunal international ne devra intervenir ni en faveur du gouvernement local, ni en faveur des sécessionnistes. La nation intéressée pourra mettre sur pied seulement le nombre d'hommes déterminé d'avance, ainsi qu'il est dit ci-dessus, pour rétablir l'ordre intérieur.

30. — Nulle nation n'aura le droit de déclarer la guerre à une nation non comprise dans la fédération. Si elle est attaquée, ou si cette guerre est inévitable, le gouvernement international prend fait et cause pour la nation attaquée et appelle au besoin les autres nations fédérées à prêter leur concours.

31. — La guerre entre nations fédérées est interdite et ne peut être tolérée sous aucun prétexte. Si une des nations fait rébellion et menace le territoire de l'autre, le gouvernement international et celui de toutes les nations fédérées prennent le fait et cause de la nation attaquée.

32. — Chaque nation reste libre de coloniser à son gré : cependant elle doit éviter de choisir un territoire contigu à celui occupé par une autre nation confédérée : si elle le fait, le tribunal international saisi de la plainte ordonne l'éloignement de la colonie. Si, les deux colonies étant déjà contiguës, il survient un litige entre elles, il est soumis au même tribunal.

33. — La guerre entre la nation colonisatrice et les peuples sauvages indigènes ne doit pas avoir lieu, sauf le cas d'urgence et de légitime défense, sans une autorisation du tribunal international lequel enverra plusieurs émissaires qui surveilleront dans quelle mesure auront lieu les hostilités et les restreindront dans les limites les plus étroites.

34. — Il est interdit de réduire les indigènes en esclavage, ou de les expulser du territoire qu'ils occupaient dans des lieux où ils ne peuvent trouver leur subsistance.

35. — Les organes d'arbitrage international sont : 1° le tribunal international ; 2° le gouvernement international, 3° l'armée internationale.

36. — Le tribunal international se compose de délégués de toutes les nations confédérées. Ces délégués sont proportionnels au chiffre de la population de chacune. Cependant les Etats qui compteront moins de vingt

millions d'habitants auront une représentation double de celle auquel le nombre de leurs habitants leur donnerait droit. Le minimum des Membres délégués par chaque nation sera de dix.

37. — Les membres délégués devront demeurer constamment pendant la durée de leur délégation sur le territoire assigné au tribunal international ; ils ne pourront s'en absenter qu'en vertu d'un congé consenti par le tribunal composé seulement pour ce fait des délégués des autres nations. Ils seront nommés pour cinq années.

38. — La délégation sera faite dans chaque nation par le pouvoir ayant droit de conclure définitivement les traités d'après sa constitution propre.

39. Les délégués à partir du jour de la délégation ne pourront faire partie du parlement ni du gouvernement de la nation qui les aura délégués.

40. — Ils auront un traitement fixé par le gouvernement international.

41. — Le tribunal international sera saisi des litiges soit par l'une des nations intéressées, soit par le gouvernement international ; il aura aussi le droit de se saisir d'office.

42. — Un des membres du gouvernement international désigné par lui remplira auprès du tribunal internat¹ onal les fonctions de ministère public.

43. — Les formes de procédure devant le tribunal international seront déterminées par un règlement spécial, et analogues aux règles ordinaires de procédure, mais simplifiées.

44. — Le tribunal international, avant de rendre sa décision, pourra ordonner toutes mesures d'instruction ; il pourra déléguer quelques-uns de ses membres à titre de rapporteur pour se rendre auprès des nations en litige.

45. — Le tribunal international a compétence pour statuer :

1° Sur les litiges de droit international privé ; il décide alors, dans le cas de conflit entre elles des lois nationales des divers États confédérés, laquelle de ces lois est applicable dans l'espèce, et renvoie devant les tribunaux du pays compétent pour être statué conformément à cette loi.

2° Sur les litiges entre nations, causés par le fait de nationaux de l'une d'elles ou des deux.

3° Sur les litiges nés directement entre nations, soit pour la délimitation des frontières, soit pour insulte nationale, armement clandestin, conflit entre colonies ou quelque autre cause que ce soit.

4° Sur les colonisations entreprises et les attaques contre les indigènes faites sans autorisation du gouvernement international.

5° Sur les guerres contre des nations non confédérées faites sans autorisation du même.

6° Sur les armements clandestins.

7° Sur le refus de se soumettre à une sentence par lui rendue.

8° Sur l'excitation par la voie de la presse ou toute autre à la haine internationale.

46.—Il a le droit de prononcer, outre la solution du litige qui lui est soumis, des amendes contre la nation en rébellion, ou qui aurait contrevenu au pacte international.

47. — Il peut prononcer aussi l'occupation temporaire par une fraction de l'armée internationale ou par des troupes confédérées du territoire de la nation récalcitrante, aux frais de celle-ci.

48. — Chaque nation régulièrement assignée devra comparaître devant le tribunal international par des délégués spéciaux munis de pleins pouvoirs.

49. — Le tribunal international devra se réunir aussitôt qu'une affaire lui sera soumise.

50. — Il aura le droit de décider lui-même son changement de résidence. Cette résidence ne devra jamais être fixée sur le territoire d'un des grands États.

51. — Si l'un des membres meurt pendant la durée des cinq années, il devra être immédiatement remplacé.

52. — Le gouvernement international se compose de membres délégués par chaque nation en nombre proportionnel au chiffre de sa population, sans qu'aucun avantage soit accordé sous ce rapport aux petits États; il se compose de membres sédentaires et d'émissaires.

53. — Les membres sédentaires siègent sur le territoire assigné au tribunal et à l'armée internationaux.

54. — Ils ne peuvent s'absenter sans autorisation du tribunal international.

55. — Ils sont élus pour le même temps que ce tribunal et de la même manière.

56. — Ils sont au nombre de dix au moins, de vingt au plus, suivant les chiffres donnés par les populations des divers États, de manière que chaque État puisse être représenté au moins par un membre.

57. — Le gouvernement international choisit pour présider un de ses membres qui doit appartenir à l'un des petits États et qui prend le titre de Président international.

58. — Les membres émissaires sont tirés au sort chaque année parmi les membres sédentaires. Ils doivent résider dans les pays fédérés autres que le leur propre, et surveiller le désarmement sincère de ce pays; ils peuvent être chargés aussi d'instruire sur place les litiges pendants; ils font rapport au gouvernement sédentaire et doivent correspondre avec lui librement et conserver toute liberté d'aller et venir du pays où ils ont été envoyés au siège du gouvernement international.

59. — Le gouvernement international a pour attributions :

1° De remplir par un délégué les fonctions de Ministère public près du tribunal international.

2° De surveiller directement et par ses émissaires la continuité du désarmement de chaque nation.

3° De faire exécuter les décisions du tribunal international.

Dans ce dernier but, il adresse des réquisitions au chef de l'armée internationale.

60. — L'armée internationale se compose de : 1° la partie active consistant dans les contingents envoyés par chaque nation pour en faire partie ; 2° la réserve, comprenant tous les hommes de l'armée active rentrés dans leur patrie ; 3° le renfort éventuel résultant des troupes envoyées par les nations confédérées, lorsqu'un contingent extraordinaire est nécessaire pour vaincre la rébellion d'une des nations.

61. — Dans la partie active chaque nation demeurera sous un commandement séparé, tant que l'usage d'une langue internationale ne se sera pas encore répandue. A partir de ce dernier moment, les divers nationaux seront, au contraire, réunis dans les divers corps de troupes, en ayant soin cependant de n'y pas mêler les nations voisines entre lesquelles existeraient des haines héréditaires.

62. Le matériel nécessaire à cette armée devra être protégé par une force suffisante pour le mettre à l'abri d'un coup de main. Cette armée aura le droit de se créer les fortifications et autres moyens de défense nécessaires. Elle devra rester en communication avec la mer, et cette communication devra être assurée par une flotte internationale suffisante.

63. — Le tribunal international ne pourra délibérer valablement s'il se trouve éloigné de l'armée internationale, et hors d'état d'être protégé par elle.

64. — Si l'une des nations rebelles venait à détruire, à renverser ou mettre hors d'état de combattre l'armée internationale, chaque nation confédérée devrait envoyer à son secours des contingents suffisants. Elle aurait, en outre, le droit de combattre directement la nation rebelle. Après sa répression, le territoire de celle-ci resterait occupé militairement pendant le temps déterminé par le tribunal international.

65. — En cas de mutinerie de la part du contingent d'une nationalité composant l'armée internationale, cette mutinerie devrait être réprimée par la force tant des autres contingents que d'un renfort extraordinaire à donner en premier lieu par le pays où est située l'armée internationale. La nation à laquelle appartient ce contingent devrait en fournir au besoin une autre.

TITRE 4e.

PÉRIODE D'EXTENSION

66. — Il est formé, d'un côté, une confédération des États-Unis d'Europe comprenant ceux des peuples de l'Europe, qui ont contracté au présent traité ou qui déclareront y adhérer ultérieurement.

67. — D'autre côté, la même confédération est formée entre les nations du Nord et du Sud de l'Amérique qui auront de la même manière contracté entre elles.

68. — Les fédérations d'Europe et d'Amérique pourront se réunir en une fédération européenne-américaine, tout en restant distinctes, avec l'obligation de se prêter mutuel secours dans certains cas.

69. — S'il surgit des conflits entre la fédération européenne et la fédération américaine, ils seront décidés par des délégués du tribunal international de chacune d'elles réunis en Congrès.

70. — Les autres nations de l'Asie, de l'Afrique ou des autres parties du monde pourront adhérer soit aux Etats-Unis d'Europe, soit aux Etats-Unis d'Amérique sous les mêmes conditions.

71. — L'abolition de la guerre et de la paix armée entre nations, le fonctionnement du gouvernement, de l'armée et du tribunal internationaux devront être en pleine vigueur au commencement du vingtième siècle.

72. — Au fur et à mesure que la paix universelle sera consolidée et le désarmement assuré, on réduira l'effectif de l'armée internationale, sans que toutefois elle puisse

descendre au-dessous du minimum nécessaire pour que
cette paix ne redevienne pas en péril.

73. — Chaque nation contractante s'engage à prendre les
mesures de pacification nécessaires pour éviter chez elle
la guerre civile.

74. — Elle s'engage aussi à prendre les mesures les plus
efficaces pour parvenir à l'abolition de la guerre entre
individus connue sous le nom de duel.

75. — Les étrangers établis sur le territoire d'une
nation confédérée y ont les mêmes droits civils que les
nationaux ; ils ne pourront en être expulsés sans jugement, ils jouiront, soit comme électeurs, soit comme éli-
gibles, des droits d'administration locale, pourront, à ce
titre, être nommés membres des conseils municipaux et
généraux et des représentations professionnelles, et remplir les fonctions publiques. Ils seront astreints aux
mêmes obligations que les autres citoyens.

76. — Les provinces d'un pays, lorsqu'elles réclame-
ront leur sécession, soit pour différence de race, soit
pour tout autre motif, si elles emploient la force pour
appuyer leurs revendications, pourront être repoussées
par la force, mais les sécessionnistes devront être traités,
non comme des rebelles, mais comme des belligérants.

77. — En aucun cas, la province qui aura obtenu, sa
sécession, soit amiablement, soit par voie de conquête,
ne pourra s'annexer à une nation voisine.

78. — Pour la fixation de la composition et de la limite
de leur territoire, les nations contractantes adoptent le
statu quo; renonçant soit à obtenir des limites plus anciennes, soit des limites nouvelles.

Ces limites ne peuvent être modifiées que par l'accord
des nations intéressées.

79. — Appel pourra être interjeté de la décision du tribunal international européen au tribunal international
américain et réciproquement. Le jugement rendu sur
appel ne sera plus susceptible d'aucun recours.

II

Projet de société internationale pour amener les nations à la convention internationale de suppression de la guerre et de la paix armée.

1. — Il est formé entre les soussignés et ceux qui adhéreront aux présentes, à quelque classe de citoyens, à quelque nation, à quelque opinion religieuse, politique ou sociale qu'ils appartiennent, une société internationale ayant pour but d'exercer une propagande pacifique pour amener les différents peuples et leurs gouvernements à conclure l'établissement d'une armée et d'un tribunal internationaux, le désarmement général, et le maintien de la paix perpétuelle.

2. — Les membres paieront une cotisation minime suffisante pour faire face aux frais généraux et pour exercer la propagande nécessaire.

3. — La Société internationale de la paix ne formera dans les divers pays où elle opérera qu'une société unique. Elle enverra des délégués à un Comité central permanent, et aussi à un Congrès annuel.

4. — La propagande pacifique aura lieu par le moyen de la presse, du livre de vulgarisation, des conférences et des congrès locaux.

5. — La Société devra présenter aux diverses élections parlementaires des candidats de la paix, lesquels devront proposer au Parlement et aux autres Assemblées des projets d'institution d'armée internationale et interpeller les gouvernements pour que ceux-ci prennent vis-à-vis de tous autres l'initiative de la proposition de paix perpétuelle.

6. — Les modes d'organisation et d'action de la Société seront déterminés par des statuts annexés au présent.

Vannes. — Imprimerie et librairie LAFOLYE.